仕事"筋《きん》"トレーニング No.8

あなたブランドを高める
12のステップ

斎藤　広達　Kotatsu Saito

はじめに

　これまで自分について、そう〝あなた〟というブランドについて、意識しながら日々を過ごしてきた方は少ないのではないだろうか。言い方を換えるなら、一体自分がどんな商品なのか、あるいはどんなブランドを持った企業なのかという点を絶えず気に留めながら生活してこなかったということ。ここに大きな問題がある。

　自分でも気がつかないうちに、これまでのちょっとした言動や仕事ぶりが、〝あなた〟というイメージを形成してしまっている。つまりは、〝あなた〟というブランドは、自分の考え方や行動パターンによって、すでに作られてしまっているのだ。この事実が、今のあなたの仕事や生活に、甚大な影響を及ぼしている。

　あなたはそれに気がついていない。周りのみんなにどう思われているのかということを。どんなブランドとして認識されているのかということを。平たく言えば一体どんな〝あなた〟ブランドが勝手に作り上げられていて、どんな気持ちでみんなに受け止められているのかということを……。

成功を手にして充実した日々を送っている人は、そのブランドがとても好意的に受け入れられている。たとえこれまで意識したことがなかったとしても、ちょっとした言動や身のこなしが、プラスのブランドイメージを形成して、みんながそのブランドを認めているということ。その結果として、さらなる成長や成功の機会が次々と転がり込んできているに違いない。

しかし、くすぶって、さえない毎日を送っている人は、その人のブランドが、みんなが憧れるイメージを醸成していないということだ。つまり、その人の存在は、周りの人々の心に響かないということ。さえない、くすんで薄汚れたブランド。疲弊して、色あせたブランド。まるで、旅先の場末の土産屋で、ほこりをかぶって色あせてしまっている、聞いたこともないブランドのように。そんなさびしいブランドに朽ち果ててしまっているということなのだ。

いや、いくらなんだってそこまではひどくない。輝ける憧れのブランドにはなっていないとしても、そんなに悲惨なブランドにはなり下がっていない。たしかに、これまで努力が足りなかったのは自分でも肌で感じている。でも、「ずっと惰性で生きてきた」とまで平然と言い放てるほど、落ちぶれた哀れな人生を過ごしてきたわけではない。

実際に、これまで全力疾走するぐらいの勢いで、毎日額に汗しながら頑張ってきた人だって多いはずなのだ。しかし、結果は半ば人生を投げてしまったやつらとそんなに変わらない。成功者の一員として、充実した日々を実感できるようなことはなかったりする。一体なぜ？

もしもあなたの中に、努力して成功したいという熱意がまだ残っているのだとしたら、このまま終わってしまいたくないという強烈な自意識の塊が体の奥底でうごめいているとしたら、〝あなた〟ブランドが光り輝く可能性は十分ある。そして、新たな一歩を踏み出すことができる。

そのためには戦略が必要だ。〝あなた〟ブランドを高めるための、よく練られたブランド戦略が。あとはその戦略を愚直なまでに実践する日々が待っている。

そう、〝あなた〟ブランドは輝くことができるのだ。

さて、本書は2003年11月にイースト・プレス社から上梓《じょうし》した『会社の中で自分をブランド化する戦略』を加筆・修正したものだ。事例研究として、当時輝いていたブランド企業を数社、取り上げている。今回文庫化するにあたり、「5年もたっているので、もはや事例として成立しなくなっているのでは……」という懸念があったが、大半の企業は今でも高いブランド価値を維持している。ブランド構築にはそれだけ時間がかかるし、よほどの失態を演じなければその価値が失われないということなのだろう。

一方で、残念ながら当時の輝きを失いつつある企業も存在する。その理由については、本書の最後にまた解説したい。ブランドを構築するための12のステップをマスターした後であれば、読者のみなさんもその理由を簡単に理解できると思う。

では、さっそく12のステップをひとつずつ見ていこう。

Contens

第1章

輝ける〝あなた〟ブランド戦略を構築せよ！

“あなた”ブランドを高める、12のステップ

》輝ける“あなた”ブランド戦略を構築する《

1.「理想の姿」を自分に問いかける

2. 現在の“あなた”ブランドを分析する

3. 自分ブランドを構成要素に分解する

》あなただけの武器を作る《

4.「強み」を「尖り」に変えて、強力な武器にする

5.「弱み」を矯正する

6. “あなた”ブランドの哲学を注入する

》宣言し証明することで、“あなた”ブランドを構築する《

7. 自分を表す「キーワード」を作る

8. “あなた”ブランドをアピールする

9. 宣言を実行していく

10. “あなた”ブランドの成長を調査する

》成長と進化を繰り返すブランドへ《

11.「限りない成長」のために「タネ」をまく

12. “あなた”ブランドをさらに進化させる

Lesson 1-1

「理想の姿」を自分に問いかける

近い将来のゴールとなる存在 ＿＿＿＿＿＿＿＿ さん

その人の魅力を３点、挙げてみよう。

(1)

(2)

(3)

●自分をブランド化すると……

あなたには、憧れのブランドがあるだろうか。バイクならハーレー、時計ならロレックス、車ならBMWといったように、そのブランドを手にしたことを想像するだけで、胸が高鳴るといったほどに。

それらの高級ブランドは、多くの人々を魅了してやまない強力な魔力がある。高級品だけではない。コカ・コーラやナイキから想起させる若々しく活動的なイメージは、多くの者に、商品の機能を超えた特別な感情を思い起こさせる。

ブランドとは、単にその商品を手にする以上の価値を、我々に与えてくれるのだ。

ビジネスの世界でも、強烈な魅力を放ち、羨望《せんぼう》の対象になる存在がいる。例えば日産の**カルロス・ゴーン**、IBMを見事なまでに復活させた**ルイス・ガースナー**、GMを力強く大きく成長させた**ジャック・ウェルチ**など。

彼らの名前は、それだけで十分に魅力的だ。もちろん、そんな超大物ではなくても、業界で有名なスタープレーヤーや、会社の核として活躍する先輩たちには、単に仕事ができるというスキルを超えた、カリスマ的な魅力を持つ人たちがいる。ま

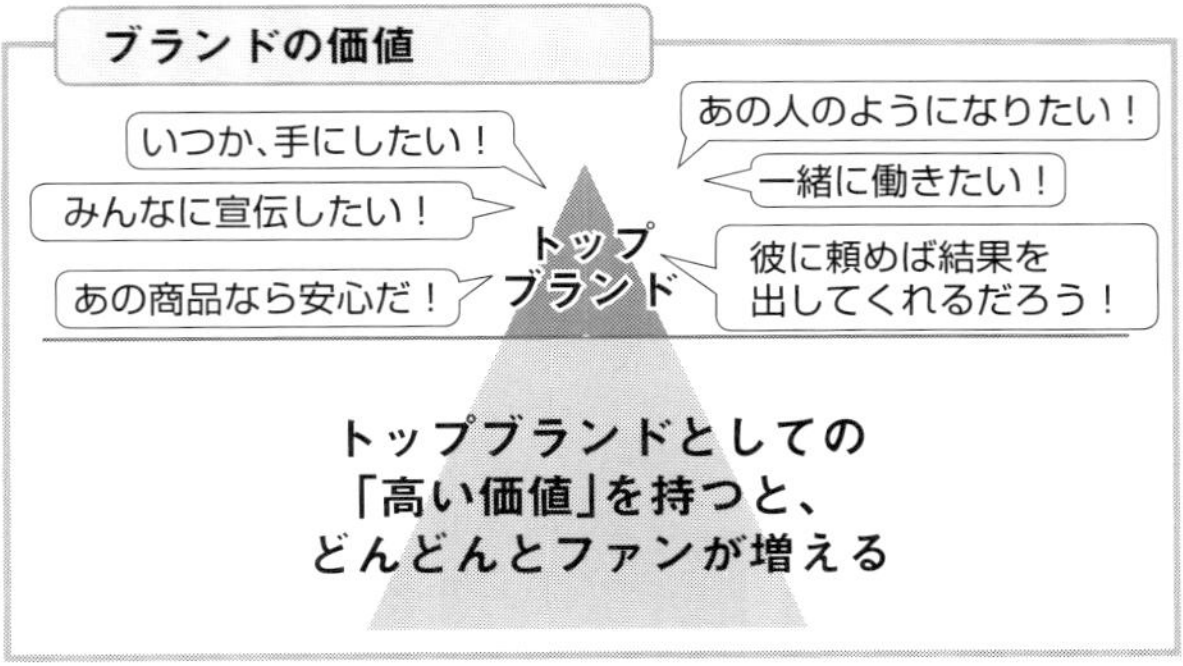
ブランドの価値
いつか、手にしたい！
みんなに宣伝したい！
あの商品なら安心だ！
あの人のようになりたい！
一緒に働きたい！
彼に頼めば結果を出してくれるだろう！
トップブランド
トップブランドとしての
「高い価値」を持つと、
どんどんとファンが増える

るでコカ・コーラやナイキのように、全身から鮮烈な輝きを放ち、誰もが憧れてしまうぐらいの〝突き抜けた人物〟が。

一方、〝あなた〟というブランドは、どれほどの魅力や価値があるだろうか。

毎日、あっという間に過ぎていく時間の中で、日々の業務をこなして満足はしている。しかし、自分の持つ優位性を最大限に生かして、最高の結果に導くような濃密な時間は過ごせてはいないのではないか。

そう、残念ながら現時点では、魅力はないかもしれない。

〝あなた〟ブランドの持つ魅力の乏しさは、あなた自身が一番よく分かっているだろう。ちまたに溢れる多くの無名ブランドに含まれてしまう、さびしいブランドではないだろうか。

●「悪循環のサイクル」

しかし、現状に悲観するだけではいけない。頑張っているのに周囲からの評価が低い……、最初から自分は期待されていない……、などと考えていては、物事はすべて「悪循環のサイクル」にはまってしまう。

自分の努力は報われないと手を抜けば、周囲は「あいつに任せたら、またそここそこだろう」と評価する。そんな評価をされたら、仕事に対する熱意が高まるわけがない。一度、悪循環に陥れば、さらに悪いほうへと進んでしまうのだ。

自分に酔えないようなビジネスマンでは、人を酔わすことなどできない。高いモチベーションと、絶対成功するという強い信念で、どんな困難にも立ち向かうという姿勢が、周りの評価を変えていくのだ。

そして、いつか、多くの人たちがあなたと一緒に働くことに陶酔できるようにな

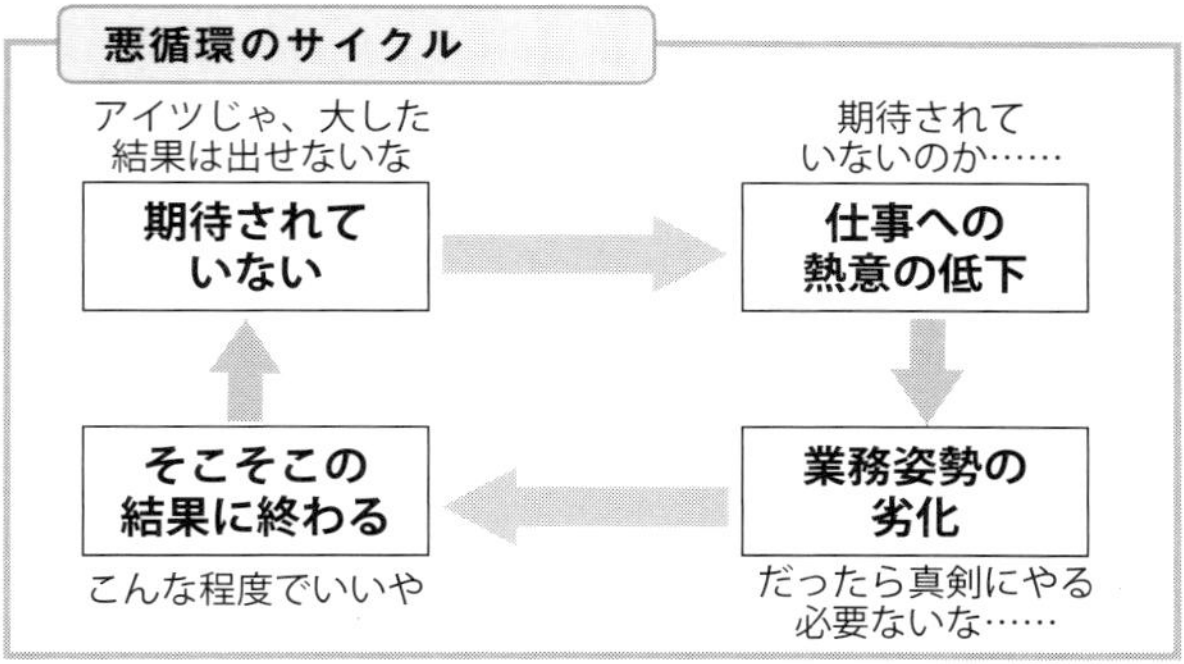
悪循環のサイクル
アイツじゃ、大した結果は出せないな
期待されていない
期待されていないのか……
仕事への熱意の低下
業務姿勢の劣化
だったら真剣にやる必要ないな……
そこそこの結果に終わる
こんな程度でいいや

るのだ。

では、まずは自分の理想像を力強くイメージしよう。業界をけん引する〝突き抜けた人物〟のように、いやそれ以上に成功して輝いている自分の姿を想像してみよう。

数カ月後の自分、数年後の自分、そしてビジネスマンとして**最終的になりたい自分の姿**。高いブランド価値を持って、活躍する〝あなた〟ブランドのゴールを目指すのだ。

●〝自分〟ブランド化のための「2つのポイント」

自分ブランドの再構築に肝心なのは、とにかく「彼らのようになりたい！」と、ブランドのゴールを強くイメージすること。すべてはそこから始まる。

目指すゴールが明確でなければ、そこに向かう情熱は生まれてこない。そして、その情熱がなければ、成長に向かってまい進するために不可欠な戦略や手法も、宝の持ち腐れになってしまうのだ。


では、〝あなた〟ブランドのゴールを思い描くうえで大切なこととは何か。

ひとつめのポイントは、とにかく現実離れしているほど壮大な、「大きな〝あなた〟ブランドを思い描いてみる」こと。

目標が小さければ、それだけ達成できることも小さくなる。最初は何の根拠もいらない。理性ではなく、本能に耳を傾けてみる。自分の中でくすぶっている、昔憧れた姿を思い出してみるのだ。

もちろん、その姿はひとつだけではないだろう。きっといくつもの理想像を思い描けるはずだ。だからこそ、理想像は壮大で構わない。どん欲なほど大きなブランドビジョンに近づく術《すべ》は、これから追って説明していく。まずは、自分が高揚する

理想のブランド像とは……

将来、カルロス・ゴーンのように「らつ腕」を振るう経営者になる！
一見、荒唐無稽だが、これが、大きなブランドのビジョンとなる。

ほどの、理想像を想像しよう。

2つめのポイントは「その姿をいくつかのライフ・ステージで分解してみる」ことだ。

具体的には、将来の最終形であるあなたのブランドのゴール、5年後のゴール、そして明日からクリアしていきたいゴールといった具合に。夢を時間軸に沿って分解していくのだ。

理想を戦略に落とし込み、実行可能なプランにするためには、熱い思いと共に、この冷静なプロセスを踏まえることが重要なのである。

「ビッグになりたい」と思い描いたところで、それが具体的な行動につながらなければ、単なる夢物語で終わってしまう。それでは今と変わらな

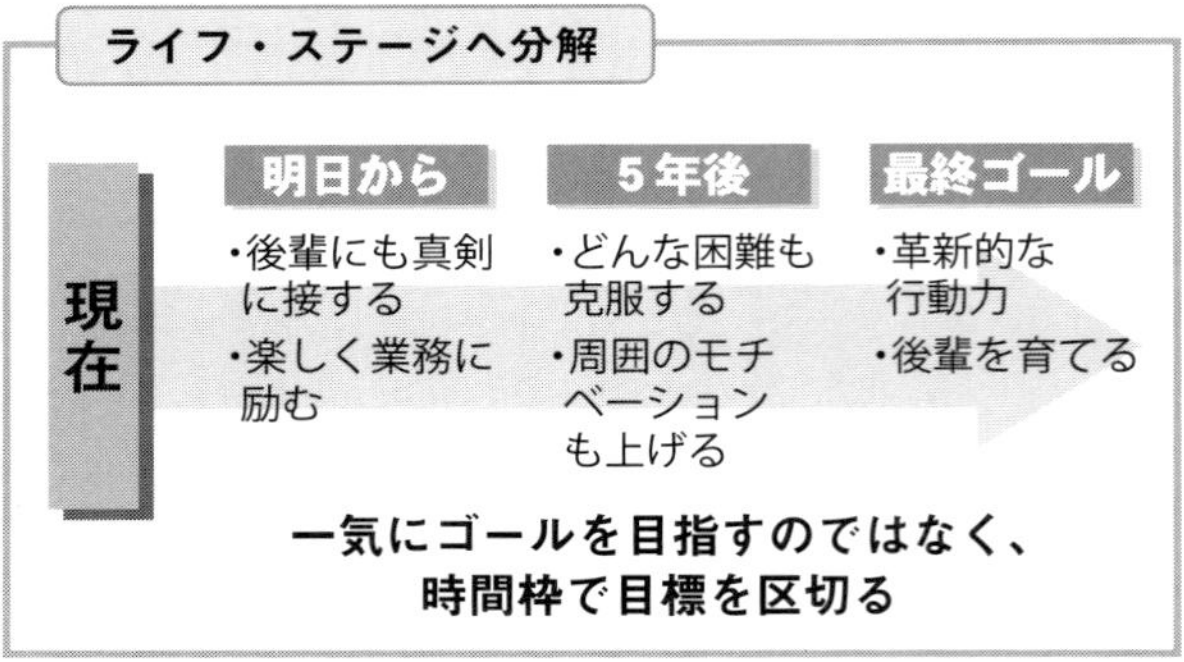
ライフ・ステージへ分解
現在
明日から
・後輩にも真剣に接する
・楽しく業務に励む
5年後
・どんな困難も克服する
・周囲のモチベーションも上げる
最終ゴール
・革新的な行動力
・後輩を育てる
一気にゴールを目指すのではなく、
時間枠で目標を区切る

い。戦略的なプロセスを踏まえることで、寄り道のないブランド構築が実現できるのだ。

では、具体的な事例で、このプロセスを見てみよう。

ケース・スタディ1――30代前半の中堅ビジネスマンその1

鈴木孝さんは、30代前半の中堅ビジネスマン。

大学卒業後に入社した会社でのキャリアも10年近くになる。仕事は営業。主要顧客の担当で、実績も悪くはない。全社でトップを飾るほどの営業マンではないが、支店の屋台骨を支える一人だという自負はある。

ポジション的には、もうすぐ主任になれそうなタイミング。チームには新人や入社してまだ数年の若手社員が大勢いる。今は彼らのトレーナーやメンターとしての立場だが、主任に昇進すれば、彼らを自分のチームメンバーとしてマネジメントすることが求められる。新たなチャレンジが待っていると思うと、気苦労は多そうだが、その分、期待も膨らむ。

ところが、〝鈴木孝〟というブランドが魅力的かと胸に手を当てて考えてみると、少々肩を落としてしまう……。

後輩たちは、仕事のアドバイスは求めに来るが、「先輩のようなビジネスマンになりたいです！」などというセリフは聞いたことがない。支店長から「お前は将来の支店長候補だ」と言われたこともなければ、本社から「早く本部でバリバリやってくれ」という声をかけられたこともない。つまり自分は、その程度のブランドでしかないということだ。

このまま、これで良いのかと自問自答してみる。その答えは、自分が一番よく分かっている。このまま、さえない中堅営業マンで終わらせたくはない！

そこで、一体自分はどんなブランドになりたいのか。まずは、近い将来の〝自分〟ブランド像について、思いをはせてみる。

鈴木さんの道のり

◆STEP1

鈴木さんが近い目標として目指したのは、「いつでもエネルギーに満ち溢れていて、一緒にいるだけで気持ちが高まる先輩」になること。鋭い頭脳とリーダーシップで、どんな問題にも全身で立ち向かう力強さを備えたビジネスマン。その姿を眺めるだけで、後輩たちの士気が上がるほどの憧憬《しょうけい》たる存在。自分がそうなった姿を想像するだけでも、高揚する。

では、より具体的な姿を思い描いてみよう。

昔、自分自身が憧れた先輩たちを思い出し、彼らの素晴らしいところをつなぎ合わせてみる。すると、漠然とした理想像が、具体的な形となって浮かび上がってきた。それが近い将来の、〝鈴木孝〟ブランドのゴールである。

では、鈴木さんはどのようなイメージを持ったのか。

前の支店長、黒野さんは具体的なイメージそのものだった。新入社員当時、営業課長だった黒野さんに仕事の多くを教わった。心から憧れた大先輩だ。

支店の実績を上げるため、お客さんに満足してもらうために、常にエネルギーと自信に満ち溢れた黒野課長は、「みんなの幸せが、俺の生きがいだ」と公言し、熱い口調で正論を貫いた。

どんなに忙しくても、後輩からの相談には時間をいとわず丁寧に応えてくれた。普段は笑顔を絶やさない人だったが、叱責《しっせき》されたことだって何度もある。そんなとき、彼の真剣さが痛いぐらいに伝わってきて、奮起しなおしたものだ。

自分だけではない。誰もが彼と仕事をするのが、楽しくて仕方なかった。そんな彼がいる職場のモチベーションは異様なまでに高揚し、一致団結して高いステージを目指していた。

今でも、〝黒野さん〟と聞くだけで、わき上がる強い憧れと輝いていた自分を思い出す。しかし、今の自分とのギャップが如実に存在するのも事実だ。今の自分では、絶対彼にかなわない……。だからこそ、近い将来に絶対に彼のようになりたい！　という思いに締めつけられる。黒野ブランドに負けないぐらいの、ブランドを構築してみせる！

さて、近い将来のゴールは決まった。もちろん簡単にたどり着けないことは分かっている。しかし、明確なゴールがあるだけで、日々の業務への考え方や取り組みにも自然と気合が入る。

◆STEP2

では次に、「遠い将来のゴール」についても思い描いてみる。数年前に引退した五代社長が浮かぶ。社長という立場ではなく、彼のようなビジネスマンになりたいと憧れていた。

一介の営業マンからスタートし、業界に絶えず新しい旋風を吹き込んで、中堅だった会社を大手の仲間入りさせた功労者だ。

その手腕は見事だった。いつでも消費者のニーズにアンテナを張り巡らし、誰よりも早くそれを実現してきた。失敗を恐れず愚直なまでにチャレンジし続けるその背中に、業界の内外から称賛の声も上がった。

〝五代さん〟という名前からは、その凄まじいまでの革新的なバイタリティーが襲ってくる。

「個性的でありなさい。他社から欲しいと思われるような人材になりなさい」

彼の口癖だった。どの支店でも、分け隔てなく多くの社員と話をする。どん欲なまでに成長へのネタを現場から引き出そう、この社員の尖《とが》った個性を伸ばして、会社の成功へ導く原動力に育てようという思いが、新入社員の鈴木さんにもひしひしと伝わってきたのだ。

もちろん、これからの十数年間で五代さんのような凄みを身につけられるかは分からない。しかし、〝五代ブランド〟と同じぐらいの凄みを持つブランドにまで成長できたら、どんなに楽しく充実したビジネスマン生活を送れるだろう。

近い目標の〝黒野ブランド〟、そして将来の最終ゴール〝五代ブランド〟。ともに、今は単なる憧れだ。いつかは彼らのようになりたいと、渇望するだけ。しかし、それだけでも意識は大きく変わっている。それが、〝鈴木孝〟ブランドへの、重要な第一歩になるのだ。

この事例は、身近に目標が存在するラッキーなケースかもしれない。残念ながら、これまでの人生で目標になるような人に出会えなかった人もいるだろう。そんなときは、取引先であれ、ライバル会社であれ、プライベートで知り合った人でもよい。新聞、雑誌、書籍といったメディアをとおしてだって、ブランドの目標を見つけることはできる。

それでも、具体的な人物が見つからなければ、ＢＭＷやルイ・ヴィトンのように、多くの人が憧れる高級ブランドのようなビジネスマンになりたいと、漠然と思うだけでも構わない。

要は、とにかくすぐにゴールを見つけること。自分の置かれた状況を卑下している時間なんてない。動き出す準備をする。それが、今一番必要なことなのだ。

自分が思い描く以上の存在になることはできない。世に成功した鮮やかに輝くブランド群がそうだったように。〝あなた〟ブランドの構築は、ここから始まる。そして、いつかあなた自身が周囲から憧れられる存在になる日がくる！

さあ、あなたの目指す理想像について思い描いてみよう。

“あなた”ブランドを高める、12のステップ

》輝ける“あなた”ブランド戦略を構築する《

1. 「理想の姿」を自分に問いかける
2. **現在の“あなた”ブランドを分析する**
3. 自分ブランドを構成要素に分解する

》あなただけの武器を作る《

4. 「強み」を「尖り」に変えて、強力な武器にする
5. 「弱み」を矯正する
6. “あなた”ブランドの哲学を注入する

》宣言し証明することで、“あなた”ブランドを構築する《

7. 自分を表す「キーワード」を作る
8. “あなた”ブランドをアピールする
9. 宣言を実行していく
10. “あなた”ブランドの成長を調査する

》成長と進化を繰り返すブランドへ《

11. 「限りない成長」のために「タネ」をまく
12. “あなた”ブランドをさらに進化させる

Lesson 1-2

現在の“あなた”ブランドを分析する

「能力」「尊敬」の２点でギャップを分析しよう。

	現状	将来の姿
能力		
尊敬		

●堕ちたブランド、無名のブランド

〝あなた〟ブランドの理想像が思い描けた。ナイキのような自分。カルロス・ゴーンのような将来のゴール。しかし、今の自分と比べると、あまりに壮大で実現不可能に思えていることだろう。

日々の業務はしっかりとこなし、ときに小さな成功、ときに小さなミスで一喜一憂しながら頑張って仕事に取り組んでいる。しかし、その努力が評価に直結しているとは思えない。どんな結果を出しても、何の評判も立たないのだ。まるで数多ある無名ブランドが、何ら話題になり得ないように……。

世の中には独自の価値を構築できずに、一度も評価されたことのない無名ブランドが数多く存在する。そのような企業や商品は、本来〝ブランド〟とは呼べないかもしれないが……。

他方では、一時の成功に甘んじた結果、地に堕ちてしまったブランドも溢れている。度重なる不祥事で廃業に至った老舗ブランド。ユーザーの安全確保を怠った有名メーカー。何年たっても一向に体質が改善しないメガバンクなど……。

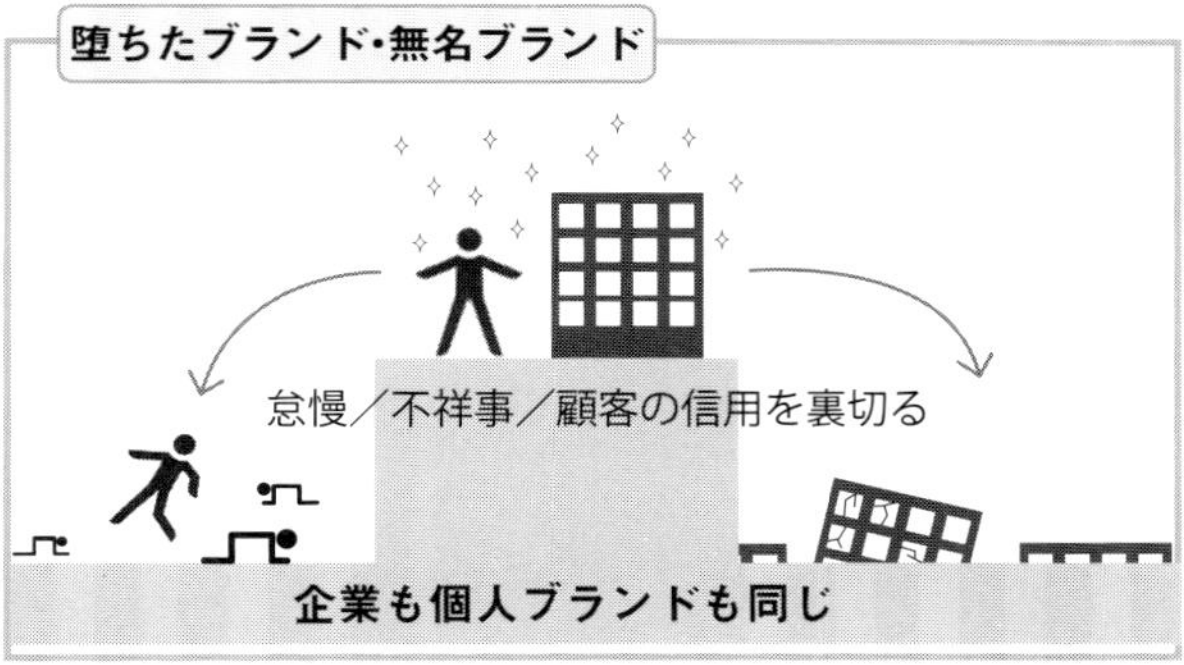

「堕ちたブランド」は、必ずどこかの段階で致命的な欠陥を露呈している。甘い品質管理、時代の趨勢《すうせい》に追いつくスピード感の欠如。長年懇意にしてきた顧客の信用を裏切るだけでなく、企業倫理を疑うほどの社会的責任への認識の甘さが、彼らのブランドとしての価値を没落させた。

そのような失墜は、企業だけにいえることではない。個人レベルでも、取り返しのつかない不祥事を犯してしまえば、それまで築き上げた信用はもろくも崩れ堕ちる。

しかし、「無名ブランド」ならば、そもそも初めから何も期待されていない。「どうでもよい存在」あるいは、「存在すら知られていない」のだ。そのような状態では、そのブランドに魅了される人が現れることなく、無名のまま終わりを迎えることになるのは仕方がない。

●ブランドの価値を高める「連鎖反応」

ブランド構築に必要なものは何か。なぜ、無名ブランドや堕ちたブランドになり下がってしまうのか。

それらは「能力」と「尊敬」という2つの面で大きな問題を抱えている。高いブランド価値を手に入れるには、その両方を兼ね備えることが重要だ。

その2つを手に入れて、ブランドとしての評価が高まれば、**おのずとその期待に応えるべく「能力」をさらに磨き、より「尊敬」されるブランドになるために研鑽を重ねる**ようになる。そして、その努力が形になり、さらなる評価を生み出す。このスパイラルが続くことで、ブランド価値はどんどん高まって行くのである。

現状で、胸を張って「自分ブランドは、成功のスパイラルに乗って躍進している！」と言える人は少ないだろう。

たとえ、自分は懸命に努力を重ねていると断言できる人であったとしても……。

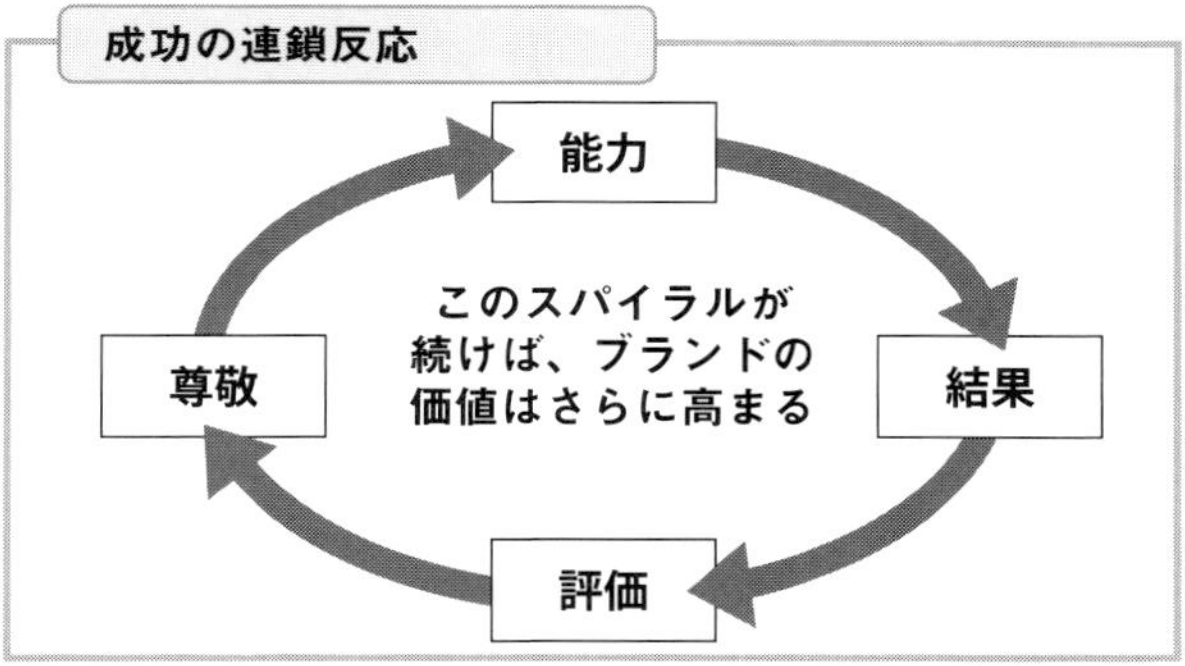

今の段階ではそれでよい。成功への第一歩は「自覚」からなのだから。

●理想と現実のギャップを測る

今の、この現実を受け止めること。それが〝あなた〟ブランドを戦略的に再構築していくうえでの準備作業になる。現状認識なき戦略では、実現性が伴わない。

「今の自分が、どんなブランドだと思われているのか」「ゴールたる理想のブランドと比較して、一体どの程度ギャップがあるのか」を自覚する。とても痛い思いをするこの作業が、これから進むべき道を明らかにしてくれる。

●〝あなた〟ブランドを分析

では実際に、耳も胸も痛くなる作業に入ろう。自分がどんなブランドとして受け止められているのか、客観的に抜き出してみる。

まずは、これまでの社内の評価を思い出してみよう。人事査定はどうだったのか。項目別の各評価は、どのようなバラつきがみられ、どの点を評価・指摘されてきたのか。正式に出された人事査定は客観性が高いので、かなり重要な材料だ。

さらに、仕事の仲間からのちょっとした一言も参考になる。取引先企業やお客さんの反応も、もちろん大切な材料だ。

「○○さんは仕事はできるけど、仲間には思えないんだよね……」

記憶の底に眠っている、ちょっとした言葉でもよい。とにかく下された評価は、何でもどん欲なまでに集めていく。それらが、客観的に〝あなた〟ブランドの分析材料になるのだ。

そして次に、収集した材料を「能力」と「尊敬」の2つに分解する。自分には、どんな「能力」があり、それが会社や自分自身にどんな付加価値を生み出しているのか。

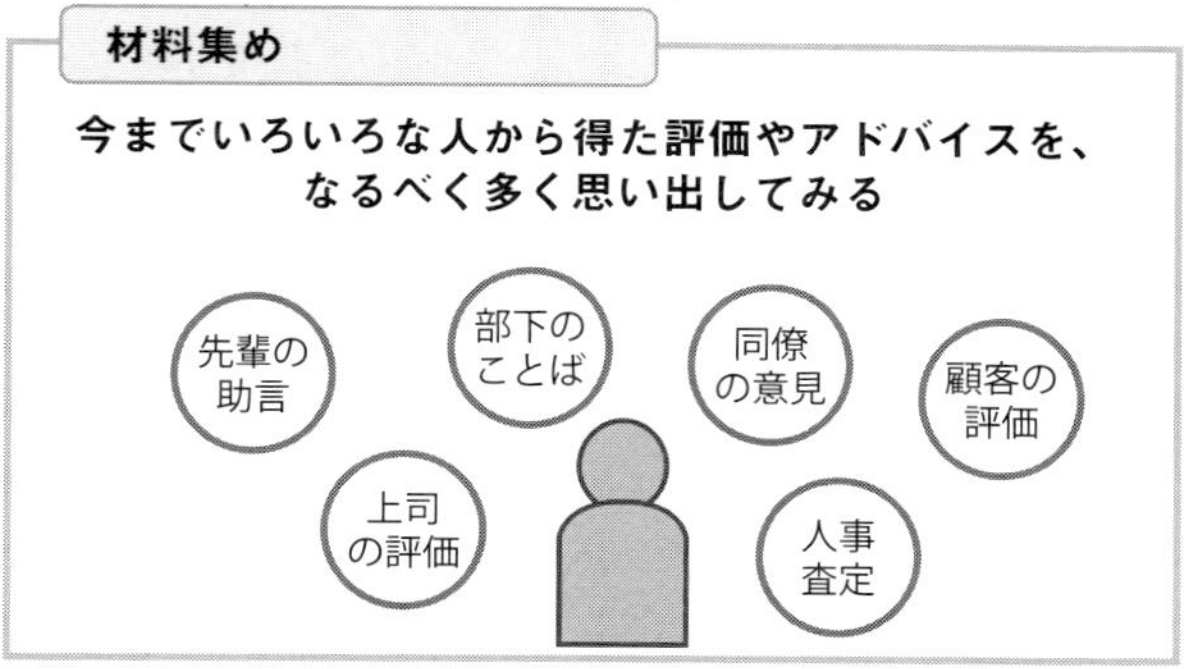

また、自分は「尊敬」されるに足る人物か。それが〝あなた〟ブランドを構成する要素になる。

もし、「業務遂行力」は非常に高いと評価されている一方で、「リーダーシップ」には、欠けると評価されていたら……。前者は「能力」に関する評価、後者は「尊敬」に起因する項目だと整理できる。

また、同僚と比べて後輩から相談を持ちかけられる機会が少ない、といった事実も、「尊敬」されるだけの魅力が欠如していることを示しているだろう。

このように、自分を見つめ直す材料は結構あるものなのだ。

●「理想の自分」とのギャップは……

次に、分解した「能力」と「尊敬」について、自分の認識と周囲の評価との間にどれだけギャップがあるのか冷徹に比較してみる。自分では努力しているつもりでも、それが結果に結びついていないこともある。ほんのささいな言動が、誤解を生んでいるかもしれない。

例えば、自分では「テキパキと仕事をこなしている」つもりでも、周囲からは「ケアレスミスが多くて仕事が雑だ」と思われていたりする。これは「能力」に関するギャップになる。

相手の成長を考えて真剣に指導しているのに、説教くさいと聞き入れてもらえない。これは「尊敬」に関するギャップ。熱意が空回りしている、とても悲しい状態だ。

このギャップを知ると、自分の意識と周囲の評価に驚くだけでなく、自分が何を期待されているのか再発見できるのだ。

大量に存在するギャップを埋めることが〝あなた〟ブランドの構築に必要なアクションなのだ。

ケース・スタディ2――30代前半の中堅ビジネスマンその2

前項で登場した鈴木さんをケースに、ギャップについて考えてみよう。

まずは「能力」の評価。これまでの人事評価で問題解決力は、5段階評価で常に上位。しかし、コミュニケーション力は、今の支店長になってからは、上位から3番目に下がってしまった。

次に「尊敬」面。残念ながら、自分には人望がない。特に冷淡な性格でも対応でもないが、後輩から慕われることも、上司から頼られることもない。

一年後輩の池田君の周りには常に人が集まっている。黒野さんの周りに常に人が集まり、笑いの和の中で、誰もが明確な答えを手にして業務に戻るように。

業務実績で見れば、池田君との間に大差はないはずなのに。

冷徹に、能力面でのコミュニケーション力の評価の変化と、池田君との人望の差について考えてみることにした。

鈴木さんの道のり

◆能力面

2つの可能性が考えられそうだ。

前支店長は自身のコミュニケーション能力がたけていたので、鈴木さんのコミュニケーション力の欠如はさほど認識していなかったという可能性。もうひとつは、「新人としては」コミュニケーション力が十分にあったのだが、中堅ビジネスマンとしては期待値に達していないということ。

仕事で心がけているのは、「熱意を持って」「お客さんの立場に立って、徹底的に納得するまで仕事をする」こと。しかし、よくよく考えてみると、取引先からは最終的には感謝されることが多いが、「行き当たりばったりで、思いつきが多く説得力がない」「仕事が遅い」などと言われることがあった。

相手のためを思って時間をかけて仕事している姿勢が、相手にきちんと伝わっていない。それどころか、ネガティブな印象すら持たれてしまっている。つ

■**現状**

・コミュニケーション力の欠如

→思ったことが、上手く相手に伝わっていない

→「行き当たりばったり」だと思われて、説得力に欠けている

「能力面」でのギャップ

■**理想像**

・どんな相手とも意思疎通ができるコミュニケーション力を持つ

→自分の強み、問題解決力をフルに発揮できる

まりは、客観的にコミュニケーション能力に問題があるということなのだ。

一方で、問題解決力については、現時点の自分の武器になっていることが分かった。しっかりと材料をそろえることができれば、解決策を見いだし実行する力は備わっている。しかし、この能力もコミュニケーション力の不足で時間がかかりすぎとみられている。

憧れの黒野さんは「常に相手の期待を上回る結果を出す」「最適のタイミングで、もっとも成功確率の高い意思決定をする」「どんな困難な状況でも、必ず実績を上げる」ことを実現してきた。

心がけていることに差異はない。ところが、

手法やスタイルには、まだまだ大きなギャップがあるのだ。このギャップを埋めることができれば、仕事の能力面で、黒野ブランドに一歩近づくことができるに違いない。明確なアクションが見え始めてきた。

◆尊敬面

鈴木さんは、これまでにいろいろな場面で言われたことを思い返してみた。飲み会のときの一言も含めて、材料になりうるものはすべて。

すると「鈴木さんは、いつも怒ったような顔をしていて、言い方もキツインですよ」という言葉を思い出した。問題解決に真剣になりすぎるあまり、正論を説きすぎて、相手には高圧的に響き、見下しているように見えたのだ。

「能力」「尊敬」の2つの面から客観的に評価してみると、「孤高の完璧主義者」という一言が鈴木さんにはピッタリだった。しかし、そんな揶揄《やゆ》のこもったブランドでは、他者とはどんどん距離が離れてしまう。認めるのもつらいが、こ

■現状

・人望がない

→高圧的で、言い方がキツい

→いつも怒ったような顔をしている

「尊敬面」でのギャップ

■理想像

・親しみやすい「できる人」

→気軽に部下や仲間と接する

→最後にはきちんと問題解決を手助けする

れが現実。しかし、ギャップの確認は、悲観することが目的ではない。自分ブランド構築へ向けたプロセスのひとつにすぎない。

鈴木さんはようやく、スタート地点に立った。これから、一気に助走をつけてアクションを起こしていく。大きく羽ばたいて、鮮やかに輝く〝鈴木孝〟ブランドを手に入れるために。

あなたも、能力・尊敬面での現状と理想を思い出してみよう。鈴木さんと同じように、その作業には、心の痛みが伴うかもしれない。それでも、落ち込む必要はない。そのひりひりとした胸の痛みは、必ず成長の糧になってくれるのだから。

“あなた”ブランドを高める、12のステップ

》輝ける“あなた”ブランド戦略を構築する《

1. 「理想の姿」を自分に問いかける
2. 現在の“あなた”ブランドを分析する
3. **自分ブランドを構成要素に分解する**

》あなただけの武器を作る《

4. 「強み」を「尖り」に変えて、強力な武器にする
5. 「弱み」を矯正する
6. “あなた”ブランドの哲学を注入する

》宣言し証明することで、“あなた”ブランドを構築する《

7. 自分を表す「キーワード」を作る
8. “あなた”ブランドをアピールする
9. 宣言を実行していく
10. “あなた”ブランドの成長を調査する

》成長と進化を繰り返すブランドへ《

11. 「限りない成長」のために「タネ」をまく
12. “あなた”ブランドをさらに進化させる

Lesson 1-3

自分ブランドを構成要素に分解する

バトル・フィールドを明確にし、
「強み」と「弱み」を抽出しよう。

フィールド:

ルール:

必要事項:

強み:

弱み:

●ブランド構築に不可欠な戦略

無駄なく確実にゴールまで走りきるためには、骨太の戦略と優れた戦術が必要だ。それには、〝あなた〟ブランド自体を分解することが重要な作業になる。

高いブランド価値を保って勝ち続けている企業や、長年愛用され続けているヒット商品の成功には理由がある。彼らはそのブランドを構成する各要素をしっかりと把握し、段階ごとに何をすべきかを綿密に計算して、しっかりと行動に移しているのである。

●ブランドの価値を高める２つの方法

では、ブランド価値を高める方法を２つ、簡単に紹介しよう。

①強みをさらに伸ばして、他者に負けない〝尖り《とが》〟に育てる

他の誰にも負けない〝尖り〟を持つ。その強烈な魅力が、〝あなた〟ブランドのパワフルなエンジンになる。

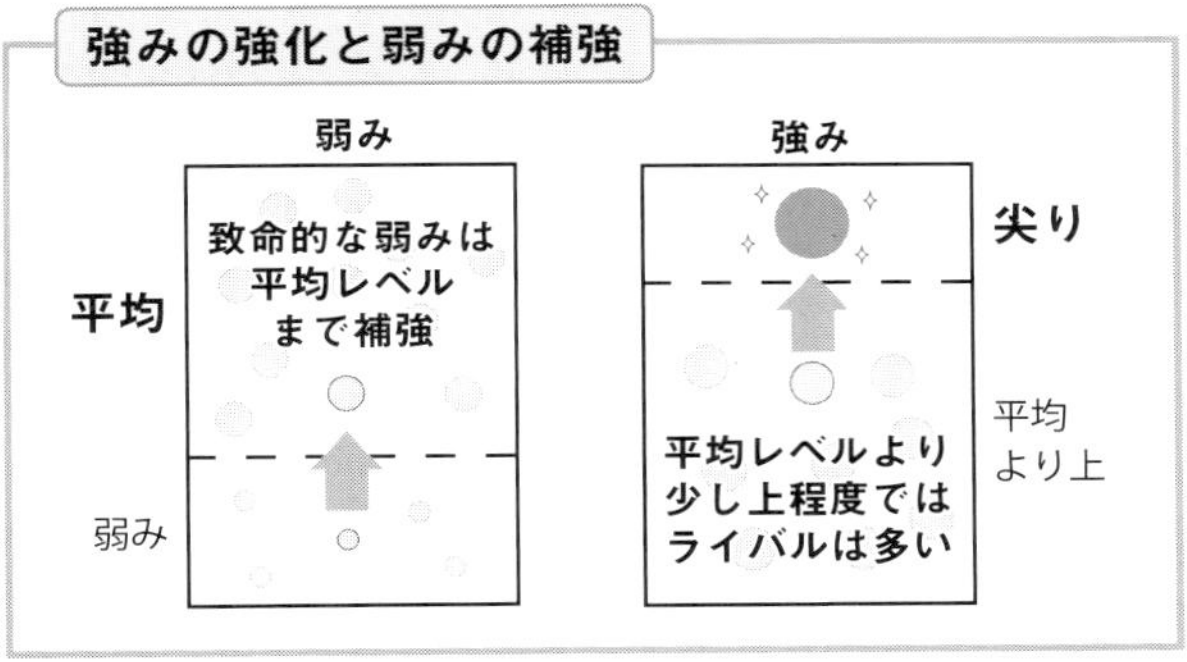

②足りない部分を補う

どんなに素晴らしいブランドでも、弱点は必ず存在する。弱みを認識すること、それをどの程度補うべきか考えること、これも戦略には不可欠な作業である。

詳しい手法については追って解説するが、初めに伝えておきたいのは、どんなに努力しても誰もが認める完璧人間になどなれないということ。人も企業も商品も同じ。限界があるからこそ、常に改善と努力を重ねていくのだ。

●「強み」と「弱み」を考える前の大前提

強みを伸ばし、弱みを補強してブランド価値を高める前に、忘れてはならない大前提がある。それは、**自分が一体どのフィールドで、どんなライバルと競うのか**を明確にすることだ。

観客もライバルもいない場所で、全力でボールを投げ続けても、努力が水の泡になるだけだ。

絵本とビジネス書ではフィールドが異なるように、コーヒーと日本茶が同じフィールドで競い合っても意味がない。ビールと洋酒もしかり。

そんな当たり前の前提を忘れてしまうだけで、余計な手間を増やすことになる。

●バトル・フィールドの確認

あなたの強みと弱みを洗い出す作業に必要なのは、単なる思いつきではなく客観的な思考力。そのためには、まずは〝あなた〟ブランドのフィールドがどこなのか、立ち位置をきちんと把握することが大切になる。ブランド戦略では、この領域のことを、**フレーム・オブ・リファレンス**と定義している。「自分が他者からどう見られ、どう評価されているのか」を明らかにするのだ。

フレーム・オブ・リファレンス

「どのフィールド」で、「誰と競合」
するのかを明確にする

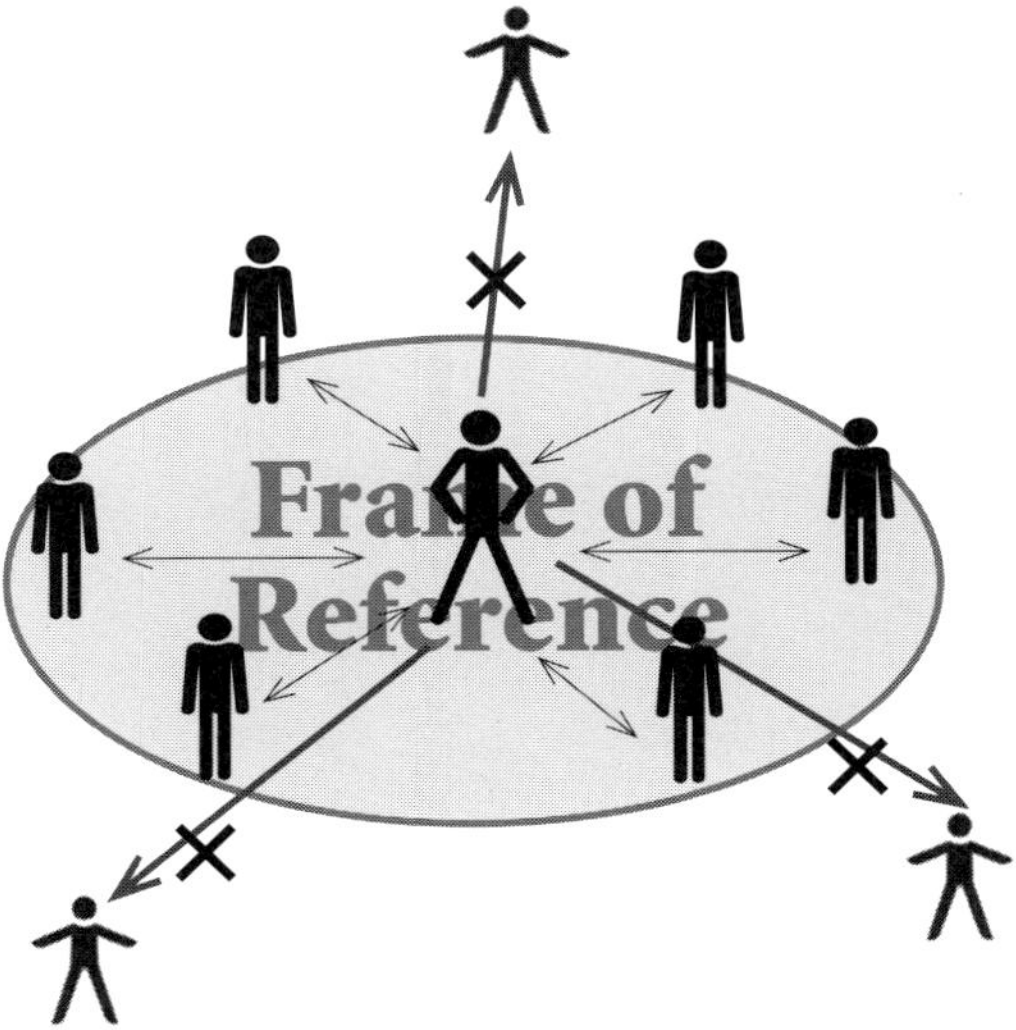

バトル・フィールド以外の人を
意識しても意味がない！

自分の立っているバトル・フィールドや、その中でのルールを把握しなければ、強みを発揮することも、弱みを補うこともできない。それを踏まえたうえで、「誰と比べて強い／弱いのか」を抽出することができるのだ。

フィールドを共にするライバルたちと自分とを、冷静に比較分析し、あなたの立ち位置、そして強みと弱みを把握する。

〝あなた〟ブランドの構成要素について、客観的に現状を認識できれば、〝あなた〟ブランドを復活させるための材料はそろったようなものだ。

●「強み」と「弱み」とは？

もしもある企業が、すべての面で尖っているとしたら、その強みを維持する以外に何らするべきことはないだろう。

しかし、現実的にはそんなことはあり得ない。世界中で成功している企業であっても、強みと弱みは必ず存在するのだ。

ボルボやスターバックス、アサヒのスーパードライは、いずれも「尖った強み」を

弱みの補強

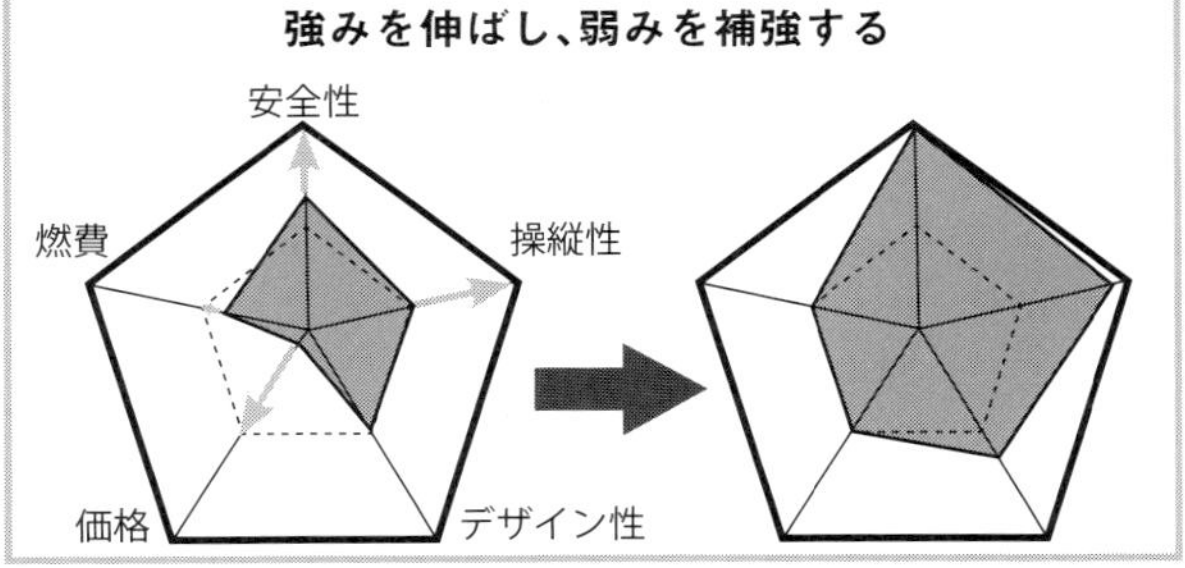

持つブランドだが、誰もが認める完全無欠の商品（企業）ではない。

ボルボの「尖り」は安全性だ。だが、この強力な魅力と同様、スポーティーなドライビング面でも、他社より突出しているとは言えないだろう。また、もし機能面で致命的な欠陥があれば、ボルボの持つ素晴らしい「尖り」は消されてしまう。

「他者を寄せつけない強みを伸ばし、致命的な弱点を作らない」という重要なポイントを押さえつつ、ボルボは高いブランド価値を築いてきたのである。

尖った強みが放つ鮮烈な輝きも、大きなマイナス要因の前にはくすんでしまう。たとえ最高の品質と味を提供できても、たとえ強烈な鮮度とキレがあっても、コストや品質管理などが明らかに消費者の視点を無視していれば、ネガティブなイメージが強くなり全体の印象を悪くする。

ブランド価値を高めるための「強み」と「弱み」を、しっかり把握することが重要なのだ。

●「強み」と「弱み」を踏まえたトップブランド

さらに具体的な戦略で見てみよう。

◇例1：ナイキの場合

ナイキといえば、イメージ広告での印象が強い。しかしナイキを支えているのは、プロのアスリートに愛用されるだけの高い商品開発力や、技術力といった生産力だ。さらに、ナイキの商品すべてに共通する高いデザイン性。これも、強烈な強みのひとつである。

これらの強みが根本にあるからこそ、その上に洗練されたコミュニケーションを

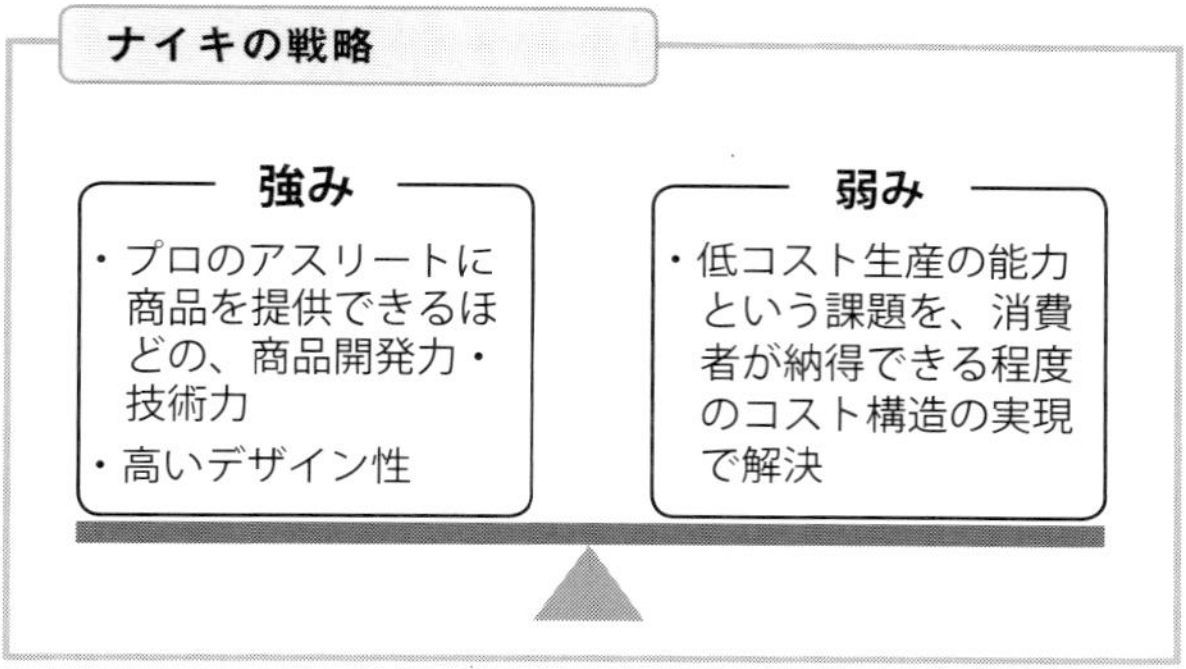
ナイキの戦略
強み
・プロのアスリートに商品を提供できるほどの、商品開発力・技術力
・高いデザイン性
弱み
・低コスト生産の能力という課題を、消費者が納得できる程度のコスト構造の実現で解決

展開することで、揺るぎないブランドを確立できたのだ。単にメジャー選手に大金を払ってスポンサーシップをすることだけでブランド価値を高められるほど、世の中は甘くない。

一方で、ナイキが「低コスト生産力」で他社を圧倒するほど優れているかというと、少々疑問である。もちろん効率的な生産体制で、商品を納得できる価格で提供してはいる。

実は重要なのは、このポイント。

たとえ、プロの使用に耐えうるだけの高い品質を持った商品でも、それが常識的な範囲をはるかに超える価格になれば、その魅力は半減してしまう。どんなに機能的でスタイリッシュなスニーカーでも、1足10万円分のコストがかかっては、

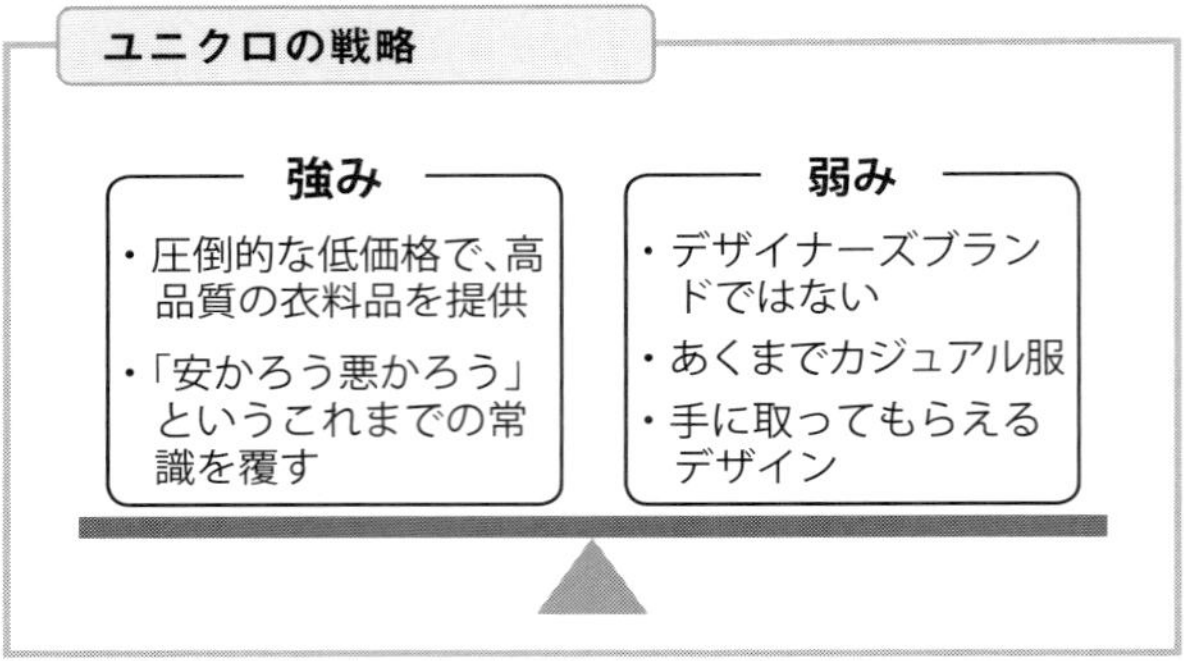

顧客からは相手にされない。ここが弱みを補うという点で、とても大切なポイントなのだ。

◇例2：ユニクロの場合

ユニクロの強みは、圧倒的な低価格で高い品質の衣料品を提供することだ。これまでの衣料品の「安かろう悪かろう」という常識を覆す強烈に尖った強みで、一気にファン層を拡大した。

ユニクロが一世を風靡《ふうび》することができたのは、単に偶発的なブームに乗って、フリースを大量に売りさばいたからではない。独自の強みを最大限に活用したことで、競合企業に対して圧倒的な勝利を収めたのである。

一方で、どんなに安くて高品質でも、誰も手に取らないようなデザインでは顧客の心を刺激しない。シンプルで、誰もが手に取りやすい服作りを実現してきた。

しかし、ユニクロのフィールドはデザイナーズブランドではなく、あくまでカジュアル服市場だ。見るものを魅了するデザインではなく、「安くて良い」服を提供するブランド戦略。ところが、偶然沸き起こったブームによって、消費者はユニクロに本来意図した以上のデザイン力を感じた。ブームが去った後にも、さらなるデザイン性を求めたのである。

そもそものスタート時点でのユニクロの戦略は、ブランド構築の王道をいくような成功例だ。自分のフィールドをしっかりと把握し、その中で自分の強みを最大限に生かして、弱みを補完する。やはり成功事例は示唆に満ちているものだ。

では具体的なケースで、この強みと弱みを抽出する方法を考えてみよう。

ケース・スタディ3——支店営業マン

田中さんは支店の営業マンとして、輝いたブランド構築を目指している。

まずは自分のバトル・フィールドを把握することが最初の作業。これは、支店営業部という場所になることは明らかだ。営業マンとしてのルールは、営業成績を上げることとだろう。まずは個人として結果を出さなければ、評価はされない。その次に、支店全体への貢献度が重要視される。営業成績はもちろんのこと、若手の育成、成功事例の共有、チームを引っ張るリーダーシップなど。

自分の成績を出したうえで、支店全体に貢献していく。それが今、〝田中ブランド〟の価値を高めるプロセスでの近い目標だ。

では、どんな強みと弱みがあるのか分析してみる。

田中さんは、数字に対する目標達成力が非常に高く、どんな困難に直面しても、何とか打破して結果を出す力がある。さらに、一度正しいと思ったことは、

■田中さんの分析結果

フィールド：支店営業部

ルール：営業成績を上げる

必要事項：個人の業績アップ、支店全体への貢献

強み：数字の意識、行動力、思考力

弱み：コミュニケーション力

仲間や顧客のために、いくらでも提案ができる。

しかし、納得できないことは、絶対に受け入れられない。営業成績も誰にも負けたくない。負けん気は人並み以上に強いのだ。

ここまで熱意を持って目標を必達できる力、物事を筋道立てて考え実行する力。これらは強み以外の何物でもない。

一方で、仲間とチームを組んで成績を出していくのは苦手。正しいと思うことを相手に理解してもらえないとイライラする。時として、感情的な言動を起こしてしまうこともある。

「もう少し、言い方に気をつけたほうがよい」

よくそんな言葉を言われる。これは間違いなく弱点だ。

せっかく数々の実績を出しながら、必ずしも高い評価をもらえていないのは、このコミュニケーション力の欠如が、大きく影響しているに違いない。

田中さんの強みと弱みが認識できた。あとは、この目標必達の意識と実行力をさらに伸ばして「尖り」にまで育て、コミュニケーション力という弱みを改善していくこと。そのためのアクションを起こすだけだ。

ケース・スタディ4――経営企画部の中堅ビジネスマンその1

高橋さんは、本社の経営企画部にいる中堅ビジネスマン。

バトル・フィールドはもちろん、本社の経営企画部。そこでは、「とにかく考え抜いて成功確率の高い企画を次々と生み出すこと」がルール。そのためには、トップマネジメントの意向と、現場の声を共に吸い上げ、戦略を生み出すべく徹底的に考え抜く力が求められる。非常にタフな業務で、社内エリートが集まるフィールドなのだ。

■高橋さんの分析結果

フィールド：本社経営企画部

ルール：成功確率の高い企画を生み出す

必要事項：トップ・現場共に意向を反映

強み：現場経験

弱み：新規案件の構築

それゆえに、優秀な人材も多い。そのバトル・フィールドの中で、求められる結果を出し、高く評価され尊敬されるまでに、〝高橋ブランド〟を打ち出すのは、とても大変な作業だ。

残念ながら、今の高橋さんは高い評価を得ていない。しかし、将来のゴールに向かって疾走するのに、ここで立ち止まるわけにはいかないのだ。

「考える企画が甘すぎる。支店のミニキャンペーンをやってるわけじゃないんだ！」

そう上司や先輩から叱責されることも多い。これまでに成功に導く企画を考え出したことも多く、付加価値を出してきているという自負がある。それなのに、なぜか……。

理由を強みと弱みで分解してみると、いくつかのことが分かってきた。

高橋さんの強みは、支店経験を武器に現場で実行可能な企画を立てること。何を考えるにしても、まずは自分の経験を頼りに、その正しさを探っていくアプローチを取っている。実際に、このアプローチで何度も成功してきた。

経営企画部で新たに考えたアイデアを、現場で実行可能なプログラムに落とし込む仕事では、十分に活躍できているのだ。

では、別の視点から考えてみる。

いつでも実現性の高い企画を考える。たしかに有効ではあるが、この方法では過去に未経験なことでは、新しい企画をゼロから生み出すのはとても難しい。

経営企画部では、目の前のどのような問題についても解決し、それを実現可能な企画にまで落とし込むことが求められている。それが、過去に同じことがあろうとなかろうと……。

未知の問題や新しいビジネスチャンスでの企画会議などでは、高橋さんの貢献度は一気に落ちてしまっているのだ。それは、考え方に致命的な欠陥があるということだ。せっかくの現場経験という強みが、致命的な欠陥によって大幅に割り引かれてしまっていた。さらに、強みを生かしきれてもいない。

高橋さんの強みと弱み、そしてゴールへのプロセスが明確になった。

過去の現場経験を、よりロジカルに考えて、生かしきる力を備える。それが今よりも凄い企画を生み出すためのアクションなのである。

どちらも飛躍の可能性を秘めた、とてももったいないケースだ。

では、あなたの立ち位置、そして強みと弱みを分析してみよう。ブランドの構成要素について、客観的に事実を整理することができれば、〝あなた〟ブランドを再構築させるための材料はそろったようなものだ。

そして、次章以降で解説する具体的なアクションを実践して、今よりも輝いた自分を手にする。あなたブランドのスタートはこれからなのだ。

第１章のまとめ

輝ける“あなた”ブランド戦略を構築せよ

1.「理想の姿」を自分に問いかける

・大きな、理想の“自分”ブランドを描く
・ライフ・ステージの分解

2. 現在の“あなた”ブランドを分析する

・「能力」という面からのアプローチ
・「尊敬」という面からのアプローチ

3. 自分ブランドを構成要素に分解する

・自分の立ち位置を理解する
・「強み」を伸ばし、「弱み」は補強する

第2章

あなただけの武器を作れ！

“あなた”ブランドを高める、12のステップ

》輝ける“あなた”ブランド戦略を構築する《

1. 「理想の姿」を自分に問いかける
2. 現在の“あなた”ブランドを分析する
3. 自分ブランドを構成要素に分解する

》あなただけの武器を作る《

4. **「強み」を「尖り」に変えて、強力な武器にする**
5. 「弱み」を矯正する
6. “あなた”ブランドの哲学を注入する

》宣言し証明することで、“あなた”ブランドを構築する《

7. 自分を表す「キーワード」を作る
8. “あなた”ブランドをアピールする
9. 宣言を実行していく
10. “あなた”ブランドの成長を調査する

》成長と進化を繰り返すブランドへ《

11. 「限りない成長」のために「タネ」をまく
12. “あなた”ブランドをさらに進化させる

Lesson 2-1

「強み」を「尖り」に変えて、強力な武器にする

「強み」を「尖り」に変える具体策を考えよう。

強み ライバルよりも優れた面	尖り 誰にも負けない圧倒的な強み
生まれ持った才能	どんな尖りになるか？
経験から手に入れた才能	

●「尖る」とはどういうことか？

圧倒的な輝きを目にすると、人はその力に魅了される。その鮮烈な輝きを高く評価し、自分にない凄みに尊敬を抱く。

相手を圧倒するほど魅了させるには、単なる強みでは不十分なのだ。絶対的に誰にも負けない、あなただけの武器。強烈なまでのエッジで、見るものを魅惑するぐらいでなければ、せっかくの強みも、ちょっとした「長所」で終わってしまう。

尖るとは、そういうことなのだ。

「自分の中の強みを、強烈に磨き上げる」ことで、尖りにまで昇華させる。そうすれば、その尖りは、絶対的な個性を主張する〝あなた〟ブランドの核になる。

●「必殺技」と、ブランドの「尖り」

戦いの場で組みやすい相手は、最初からライバルたちに相手にされない。反対に、彼らが絶対にまねできない必殺技で、圧倒的な勝利を収めた勇者は、威厳と尊敬を持って観衆からの拍手の渦に包まれるのだ。

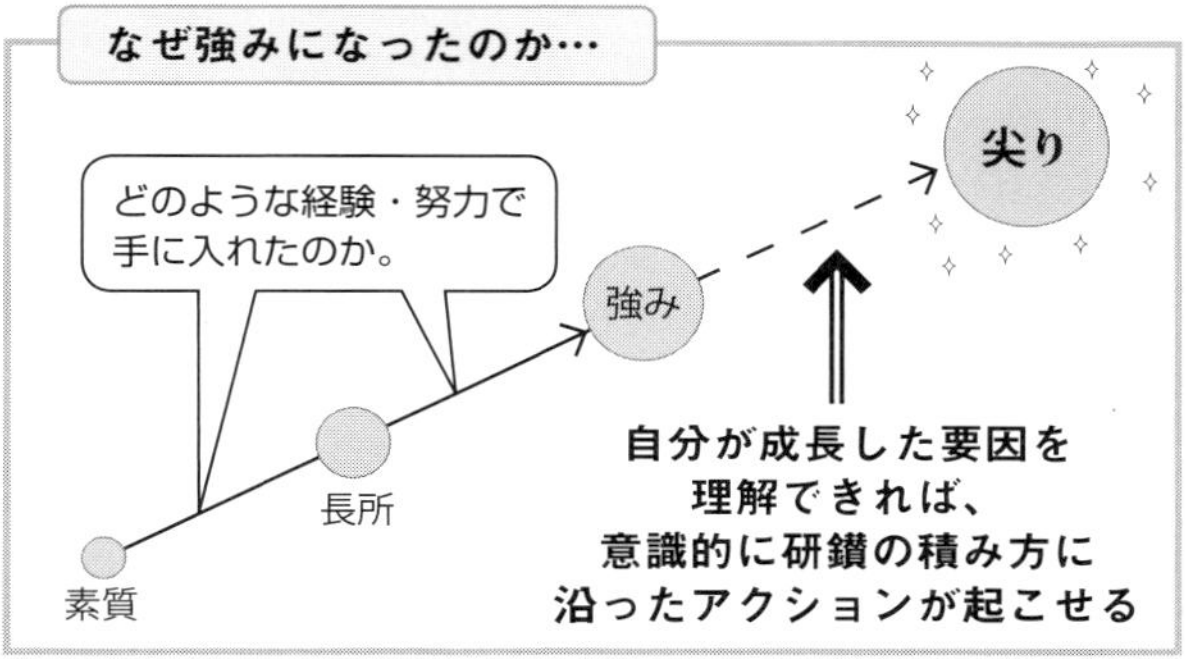
なぜ強みになったのか…
尖り
どのような経験・努力で
手に入れたのか。
強み
長所
素質
自分が成長した要因を
理解できれば、
意識的に研鑽の積み方に
沿ったアクションが起こせる

前章では強みを抽出した。あなたには、「尖るための芽」がある。その強みを磨き上げて、誰にも負けない必殺技にしよう。

では、尖るための戦略とは何か。強みを尖りに昇華させるには、**強みを手にした「過程や理由」をしっかりと把握しておく**ことが重要。

強みが強みたるには、必ず理由が存在する。それを理解することなしに強みを磨いても、尖りにまでは昇華できない。

そして次に、意識的に尖りを手に入れる「研鑽の積み方」を理解しておくこと。そうすれば、あとは行動を起こすのみだ。

●ニーズに応える〝あなた〟ブランド

しかしやみくもに現状の強みを追及して、これもあれも……と手をつけても、それらが〝あなた〟ブランドの価値を高める武器になるとはいいきれない。

顧客が求めているもの、期待しているものを把握したうえで、それを上回る尖りを提供する。彼らに良い意味でショックを与える。これがなければ、尖ること自体に意味がない。

マーケティング用語で表現するなら、「**プロダクトアウト**」と「**マーケットイン**」の発想を、バランスを取りながら尖りを形成していくのだ。

「プロダクトアウト」とは、まさに固有の尖りを顧客に対して提供し、その魅力でファンを増やしていくという手法。

「マーケットイン」とは、顧客のニーズに応えることで、満足度を高めていくという手法。

せっかくの尖りも、どちらか一方だけでは、ブランド価値は高められない。ひたすら脳と体にむち打って鍛錬を積むのだ。

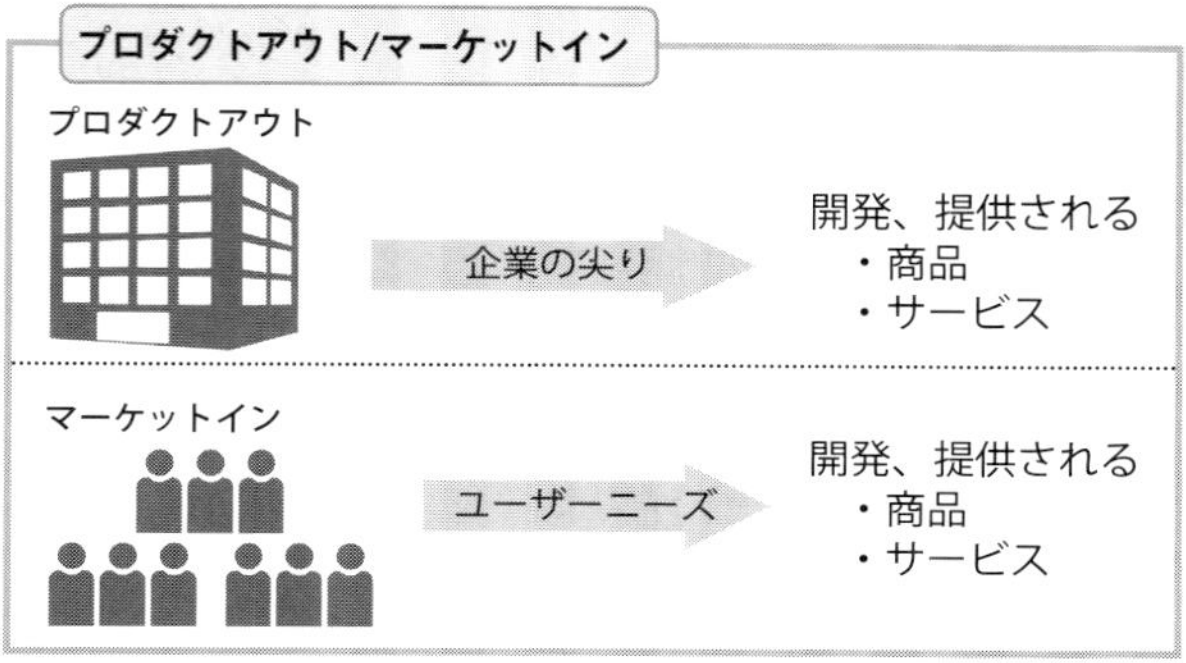

●「資質」と「累積経験」が、〝価値〟を生み出す

では、強みとはどのようにして作られたのか。これは「資質」と「累積経験」の2つがもたらしてくれたのだ。

持って生まれた優れた強みに、さらなる努力や経験が組み合わさり、「尖り」が形成される。または、弱点を強烈に鍛えることで素晴らしい強みに変化し、そこに累積経験が加わって「尖り」にまで昇華されるといった具合に。

●自分の「天賦の才」を見抜け！

強みになり得る資質には、天賦の才能と、後天的に偶発で身につけたものがある。

しかし、この天賦の才能というすてきな贈り物には、自分でなかなか気がつかない。そこで、自分で分析するのはもちろんだが、周囲の意見を聞いてみることが必要だ。

ブランド力のある企業は、綿密な顧客意識調査などを行い、この魅力を絶えず明確にしている。去年と比べて……、競合他社と比較して……など。それは、個人レベルでも同じだ。自分を客観的に評価して、忌憚《きたん》のない意見をバンバンぶつけてくれる存在が必要なのだ。

例えば、自分では人づき合いが苦手だと思っていたが、話しかけやすい人だと思われていたり、人前で話すことが不得手でも、周囲は話し方に魅力や説得力を感じているということもあり得る。自分では気がつかない強みは、案外多いものだ。

次に、後天的に身につけた強みは、その背景を分析してみることが大切だ。昔からの弱点が、あることを契機に強みになった。あるいは、ある環境に身をおくことで、強制的に鍛錬を積み、いつの間にか強みが形成された、というようなこと。

例えば、市場調査のプロジェクトに半年間従事したおかげで、それまで苦手だった定量分析や、ロジカルな考え方といったスキルが、一気に花開くことだってあり

尖りの芽を見つける

・ライバルたちに圧倒的な差をつける「尖り」
・顧客に求められる「尖り」
・観衆から受け入れられる「尖り」

これを満たさなければ、
強みを強化する意味がない！

得る。これはいわば、無意識の累積経験が強みを形成したというようなものだ。

●すべての「強み」は「尖り」になるのか？

尖りにまで高められるまでの強みの芽が、あなたの中にいくつもあることは、きっと入念に自分の強みをひもといていけば、自然と明らかになってくる。となると次は、それらを尖らせるための戦術が必要になってくる。

しかし、強みの芽であれば、何でもよいというわけじゃない。

ライバルに差をつけ、周囲から求められ、他者をも魅了する「尖り」。それらになりうる「芽を見つける」という戦略がなければ、せっかくの努力が台無しになってしまう。そのための作業として、しっかりと頭を使う作業が必要となるのだ。

では、そうして手に入れた尖りで、多くのファンを魅了し、トップブランドになり得た例をいくつか紹介しよう。

◇例1：ルイ・ヴィトンの場合

ルイ・ヴィトンの尖りは高い品質性だ。もともとは、優れた革製品を生産する腕の良い職人がルイ・ヴィトン製品を支えていた。頑丈で高品質の製品力を極限まで追求することで、他の企業にない、独自の尖りを手に入れたのだ。

これはまさに、はじめに持っていた尖りの芽である強みを、誰もまねできない尖りにまで高めていった典型的なケースである。

◇例2：アップルの場合

スティーブ・ジョブズは、とにかく他のライバルたちが考えもつかないような新しいアイデアを、次々と生み出す天賦の才能に恵まれていた。しかし、ヒラメキだけではＭａｃという尖ったブランドは生まれない。そのアイデアを具現化し、魅力ある製品として華々しくマーケットに送り出していく力を身につけることで、アップルはブランド力を高めていった。

そしてまた、新しい技術やアイデアを開発し、製品化するために試行錯誤を繰り返すといった累積経験を積むことで、尖りにまで昇華させた。そう、Ｍａｃというブランドから沸き起こるワクワク感やドキドキ感は、失敗を繰り返しながらも尖るためのチャレンジを繰り返してきた、アップルの姿勢が生み出したものなのだ。

◇例３：サウスウエスト航空の場合

規模の経済で支配される航空産業で、絶対的に不利な立場からスタートしたサウスウエスト航空は、大手航空会社ができない徹底的なコストの効率化を追及し、考えられないような低価格を打ち出した。

強みを昇華させたブランド

	強み	尖り
ルイ・ヴィトン	優れた革製品を生産する腕の良い職人	頑丈で高品質な革製品を作る力を極める
アップル	新しいアイデアを次々に考え出す力	アイデアを短期間でどんどん商品化
サウスウエスト	徹底的なコストの効率化	コスト削減を、さらに推し進める

「誰もが気軽に乗れる航空運賃を実現したい」という強い信念のもと、機内で食事をサーブしない、指定席の制度を廃止、ゴミは搭乗者自らが持ち帰るといった、独自のスタイルを確立した。

小規模の航空会社であること自体が弱みにすらなりかねない航空業界。サウスウエスト航空は、コスト削減という自社にとって唯一、強みを形成できる領域で、徹底的に累積経験を積み、そこから学んだ内容をさらに推し進め、尖りを追求するにまで至った。

時として、弱みですら発想を変えれば強みの芽になり得る。そして尖りにまで高めることができることを示した、典型的な事例だ。

この3つのケースが与えた示唆は、「トップブランドですら、初めから凄い尖りを見せていたわけではない」ということだ。

強みの芽をしっかりと認識し、それを磨き上げるために研鑽を重ね、試行錯誤を繰り返しながら経験を積むことで、その強みはどんどんと輝きを増した。ほかの誰もがそこまで労力をかけずにいるなか、尖りを作り上げるための努力を愚直なまでに追求していく。その結果として、尖りが手に入るということを忘れてはならない。

●「強み」を磨いていくための準備

では、強みを磨く準備として、「ライバルの動き」をしっかりと把握しよう。

彼らが提供しているものは何か、自分の強みをどこまで磨けば絶対的な差がつけられるのか、それらを考えてみるのだ。いくら強みの芽を磨いて、自分にとってある程度の尖りまで仕上げたとしても、ライバルたちと比べて遜色《そんしょく》がなければ、結局尖っていないのと同じ。

次に、どんな方法で強みを尖らせるべく、努力を積むべきか明確に理解しておく。その強みによってアプローチの仕方は、いろいろな方法があるからだ。

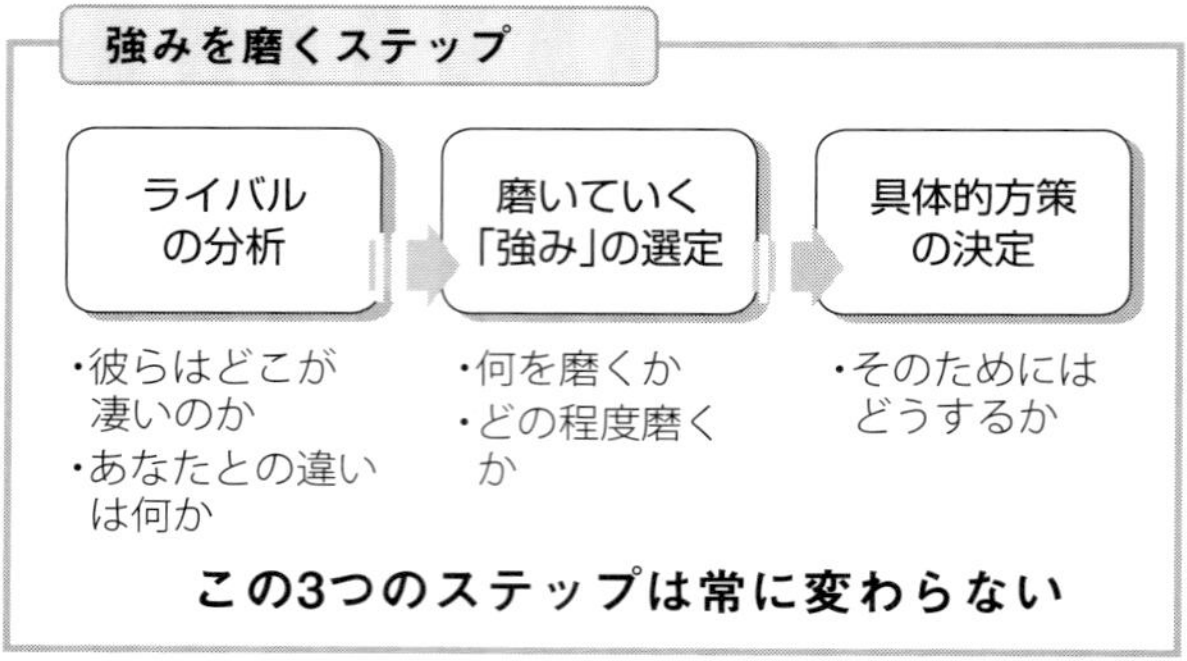
強みを磨くステップ
ライバルの分析
磨いていく「強み」の選定
具体的方策の決定
・彼らはどこが凄いのか
・あなたとの違いは何か
・何を磨くか
・どの程度磨くか
・そのためにはどうするか
この3つのステップは常に変わらない

知識力で尖りを形成するのであれば、どん欲なまでに、どんどん知識を増やしていくアクションが求められる。問題解決力や交渉力といったスキルで尖るためには、そのための機会を確保しなければならない。とてもタフな顧客を担当したり、業務後や週末の講習会の参加など。また、人脈という武器で、あなた固有の尖りが形成されるのであれば、それは重要な活動になる。

あなたには「尖りの芽がある」。その強みも決して楽に手に入ったわけではないはずだ。これからでも、その道を極めることができるのだということを、強く意識しよう。

そして、強い意志を持ち、困難や苦しさのなかでも研鑽に励むことで、輝く尖りを手にしよう。

ケース・スタディ5——経営企画部の中堅ビジネスマンその2

◆現状

では、前章で登場した本社の経営企画部の高橋さんを例に、どう尖りを追求したら良いのか考察してみよう。

彼の強みは、支店での経験を生かし、現場で実践可能な企画を生むこと。その強みを身につけたプロセスは、支店での営業経験にほかならない。しかし、これだけではまだ不十分だ。もう一歩、突っ込んで考えてみよう。

彼は、他のスタッフにはない現場感を有している。顧客に意見を聞き、取引先と納得できるまで話をし、仮説構築に行動を伴うことで、実現性の高い企画を生み出してきたのだ。

これは、相手の意見を引き出す力や真実を追究する姿勢、コミュニケーション力や納得できるまで考えるくせが、現場経験と組み合わさって形成された強みだ。まさに、資質と累積経験がつくった賜物《たまもの》。

■「強み」の確認

- 顧客の意見を引き出す
- 取引先と納得できるまで話をする
- 事実や仮説に基づいて行動し、実現性の高い企画を生み出す

→ 深い分析 →

尖った能力の素となる

- 人から意見を聞く能力
- 真実を追求する姿勢
- コミュニケーション力
- 納得できるまで考え抜く姿勢

この強みを、未知の案件でも納得できるまで材料を探り出し、現場で実践可能な企画に落とし込む、という尖りにまで高めるのだ。

◆アクション

まずは、どんどんとネタに近寄っていくように訓練すれば、彼の強みは知らない間に高まっていくだろう。

例えば本社での関係者や各種企画に自分から近づいていって、彼らが持っているファクトやアイデアを、次々と引き出すよう努力する。

支店時代の、顧客や取引先と腹を割って話せた強みを、他部署の上長や役員クラスともできるように訓練を積めば、必要な材料は山のよう

に集まってくるだろう。

そして、得意とする考える力をさらに高めて、間接的な情報を使いながら、納得のいく企画にまで落とし込む。この双方の力が身についたとき、それは尖りそのものになる。「高橋さんに相談すれば、自分でも気づかない真因まで掘り下げてくれて、さらに現実に即した企画を考えてくれるはず！」と。

経営企画部には、ロジカルに考えられる頭の良い人材は溢れている。しかし、それらを足で稼いだ現実的な材料をもとに、徹底的に考え抜き、誰もが成功を確信できる企画を作れる者は少ない。ライバルたちが持っていない、実現性の高い企画を生み出す力で尖ることができれば、彼の市場価値は抜きん出る結果になるだろう。

さて、高橋さんの新たなアクションは見えてきた。これからは、実際に研鑽を積むという段階だ。自分に土地勘がない分野で、使えるネタを引き出すという作業は簡単ではない。「もう少し勉強してから聞きに来い！」と叱責されたり、

「忙しい」と相手にされなかったりといった、つらい思いもするだろう。それでもこんなところで、あきらめてはいけない。やらなければならないことは、まだまだあるのだから。

では、あなたもライバルに差をつける、独自の尖りを育てる具体案を考えよう。あなたの資質や経験によって育てた強みが、これからのあなたを支える核となるのだ。

その作業は、高橋さん同様簡単にはいかないかもしれない。そんなときは自分を信じるのだ。あなたには、尖りの芽があるのだから。

■高橋さんのプロセス

・現場で実現可能な企画を作る …… ○
・自分の知らない分野でも結果を出す …… ×

要素分解

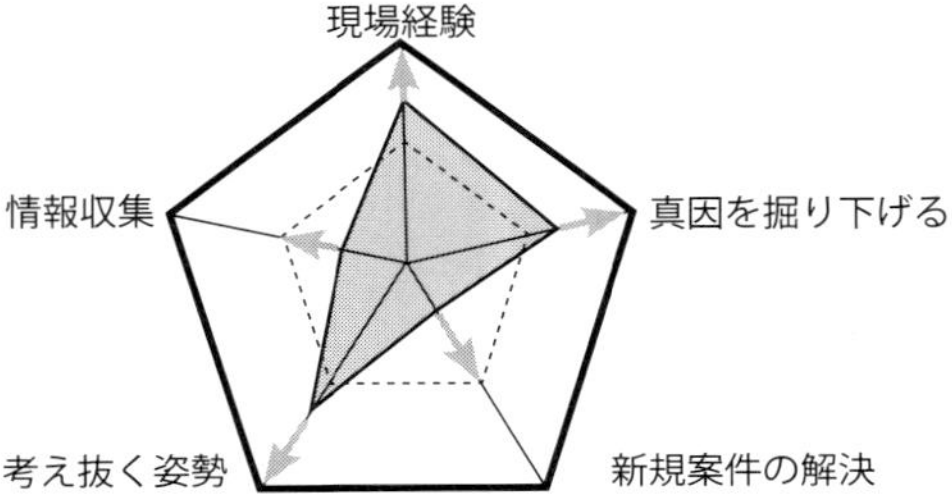

理想

間接的な情報も収集し、真因を深く掘り下げ、とことん
考え抜くことで、現場で実現可能な企画に落とし込む

アクション

自分からネタに近寄っていく
習慣を身につける

“あなた”ブランドを高める、12のステップ

》輝ける“あなた”ブランド戦略を構築する《

1. 「理想の姿」を自分に問いかける
2. 現在の“あなた”ブランドを分析する
3. 自分ブランドを構成要素に分解する

》あなただけの武器を作る《

4. 「強み」を「尖り」に変えて、強力な武器にする
5. **「弱み」を矯正する**
6. “あなた”ブランドの哲学を注入する

》宣言し証明することで、“あなた”ブランドを構築する《

7. 自分を表す「キーワード」を作る
8. “あなた”ブランドをアピールする
9. 宣言を実行していく
10. “あなた”ブランドの成長を調査する

》成長と進化を繰り返すブランドへ《

11. 「限りない成長」のために「タネ」をまく
12. “あなた”ブランドをさらに進化させる

Lesson 2-2

「弱み」を矯正する

「弱み」を矯正する具体策を考えよう。

弱み

具体策

平均レベル

●「弱み」を放っておいてはいけない

前項では、強みを尖りに高める術を解説した。ここでは、もうひとつの肝心な要素、「弱み」の矯正について説明しよう。

誰でも苦手なことや弱点はある。どんなに努力しても、強みとは程遠い結果しか出せない領域。これは仕方がないことだ。どんな企業（商品）だって、すべての分野で常に輝きを放つことなどできやしないのだ。

しかし、ある面でどんなに強みを発揮しても、別の場面ではすっかりお荷物になる……では、高いブランド価値を手に入れることなどできない。どんなに苦手な分野でも、平均的なスキルは有していなければならない。それが弱みの芽を摘む基本的な戦略だ。そのためには、前章でも記したが、〝弱み〟を〝尖り〟を鈍らせない程度に矯正すれば良い。

なお、苦手分野を克服するには、強みを伸ばす以上の苦しい努力が必要になる。しかし、せっかく尖りを手に入れるのであれば、その輝きや切れ味を一気に鈍らせてしまう弱みは、克服しなければならないということを認識しておこう。

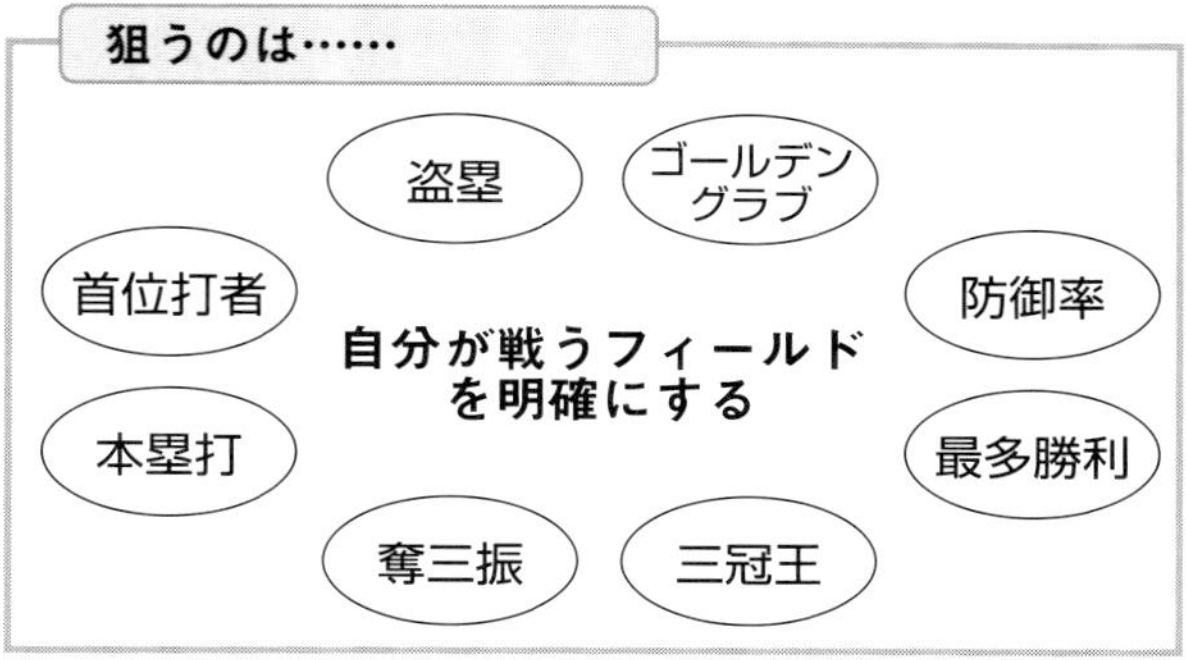

●フィールドを明確にする

弱みの矯正には、まずは自分のバトル・フィールドを再確認することが大切。これまでにも紹介した、ブランド戦略の基本的な考え方だ。

ポイントは、すでに紹介した「フレーム・オブ・リファレンス」。自分がライバル達と競い合う場は、どんなフィールドなのか、どんなライバルたちと競い合うことになるのか、を明らかにするという考え方だ。

野球で、ホームラン王、最多勝、盗塁王のすべてのタイトルを狙うのは無謀だろう。まずは、自分が野手、投手のどちらのフィールドでブランドを高めていくのか。それを定めないかぎり、具体的なアクションは見えてこない。

そして次に、「どの程度矯正すれば弱みが平均値になるか」「そのためにはどのような努力が必要か」を考える。弱みの矯正とはこの2点に尽きるのだ。

ブランド論では、この弱みの矯正のことを「**ポイント・オブ・パリティ**（平価点）」と定義する。競合ブランドと比較されたときに、**致命的な弱みを露呈してしまうことで、そのブランドは選ばれなくなる**という考え方だ。このシンプルな考え方は、ブランド戦略において、とても重要な意味を持つ。

それでは、世の中のブランドの例を使って、この考え方がどう実践されているのか見てみよう。

◇例1：BMWの場合

エキサイティングな走りを提供するという尖りで、絶対的な地位を築いている同社。もしも致命的な弱点――故障が多い、燃費が悪い、という快適な走りを邪魔する欠点――を有していたら、消費者からは受け入れてもらえない。

致命的な欠点が存在しないように、尖り以外の面でも、あらゆる点で平均的なレ

ポイント・オブ・パリティ

苦手分野を強みにまで磨くのは
時間的にも、労力的にも厳しい。

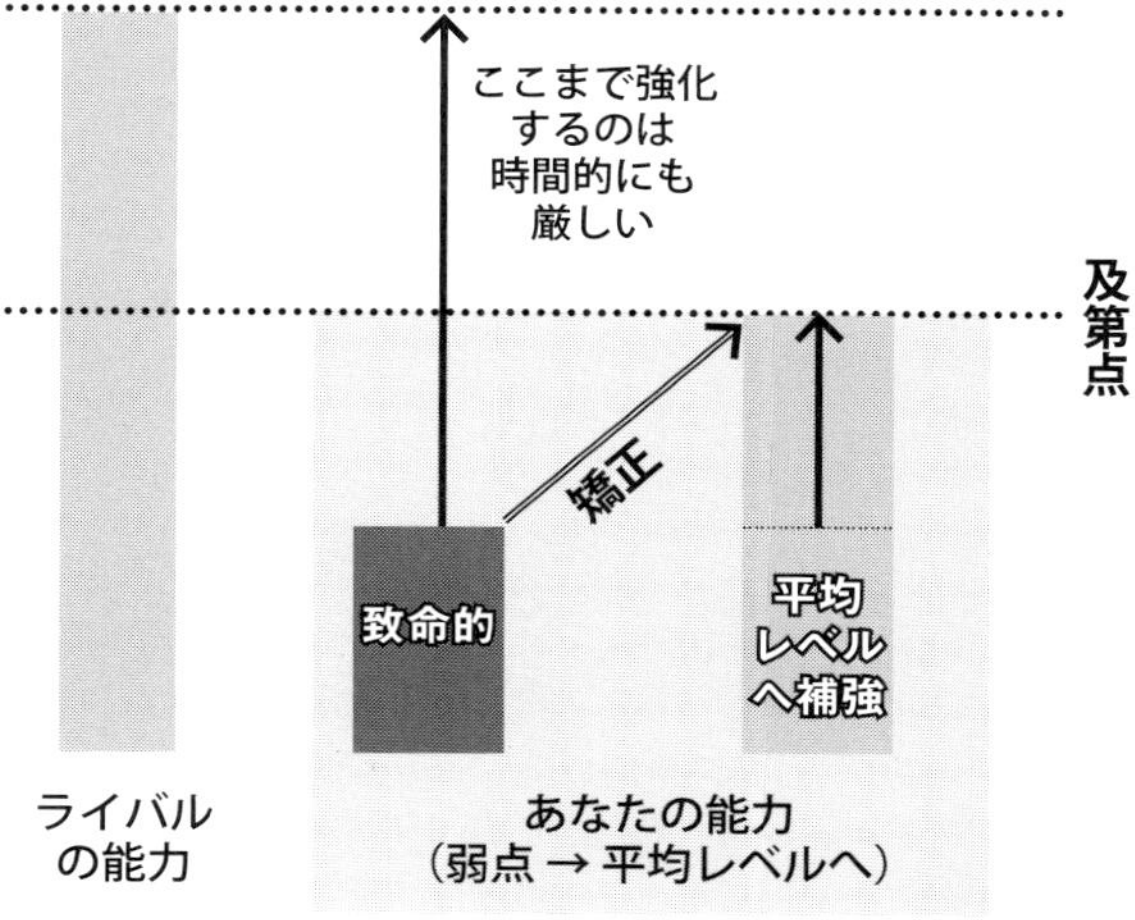

大切なのは、致命的な弱点は作らず、
「他者にまねできない尖り」を
伸ばしていくこと。

ベルにまで達するよう企業努力をしている。

◇**例2：アップルの場合**

新しい機能を次々と採用し、常にマーケットの話題をさらう尖ったデザインのMac。それが、どんなにスタイリッシュでも、基本的な機能で劣っていたり、マーケットにそぐわない価格であれば、せっかくの尖りは鈍ってしまう。

そこで、「汎用メーカーよりも少し高いが、やっぱりMacが欲しい！」と思わせるレベルまでは、製品価格を下げられるように、コストマネジメントの努力を重ねている。

しかし、あくまでMacにとってのバトル・フィールドは機能面。そこを尖らせてこそ、Macとしての輝きを放ち続けているのだ。

◇**例3：サウスウエスト航空の場合**

低価格で尖るという難しいブランドポジションを狙う同社。しかし「安かろう、

有名ブランドの手法

	尖り		補強面
BMW	エキサイティング、スリリングな走り	＋	信頼性や燃費の対策
アップル	新しい機能・洗練されたデザイン	＋	生産コストの対策
サウスウエスト	リーズナブルな価格	＋	サービスの質を確保

2つが連携して初めてブランドが高まる

悪かろう」では、消費者からは受け入れられない。いくら低価格を実現するために、セルフサービスを中心としたフライトを売りにしているとはいえ、チェックインカウンターでの対応や機内乗務員の接客態度が悪ければ、結局は多くのファンを持つ大手航空会社の中で、伍《ご》して戦うことはできない。

機内サービスという食事でのサービスは提供していなくても、その分笑顔での対応や、顧客を心遣う気配りについては、高いレベルを保つよう絶えず努力を続けている。

サービス改善に費やす努力は、大手航空会社に勝るとも劣らないのだ。

●「弱み」はどこまで、どのように矯正すべきか

では弱みの芽を摘むアクションを、〝あなた〟ブランドで考えてみよう。

あなたのポジションは、営業の最前線か、それとも本社の管理部門なのか、あるいはまったく別のデザイン部門か。

もし、直近の目標が「支店で営業マンとしてトップブランドになる」ことならば、本社の企画部門のスタッフをライバル視しても、その努力は意味がない。まずは自分がどのバトル・フィールドに立つのかクリアにすること。

そして次に、そのフィールドでは、どんな活躍が求められているのか。どんなことが評価の対象になるのかも考察する。

「本社リサーチ部門」のスタッフであれば、分析力はもちろん、それを人に伝えるコミュニケーション力やプレゼンテーション力が求められる。物事の真因をえぐり出す力と、分かりやすく相手に伝達する力の双方がないと、リサーチャーとして輝くことはできない。

弱みを矯正するための最初のステップは、まずはブランド戦略の基本に立ち戻っ

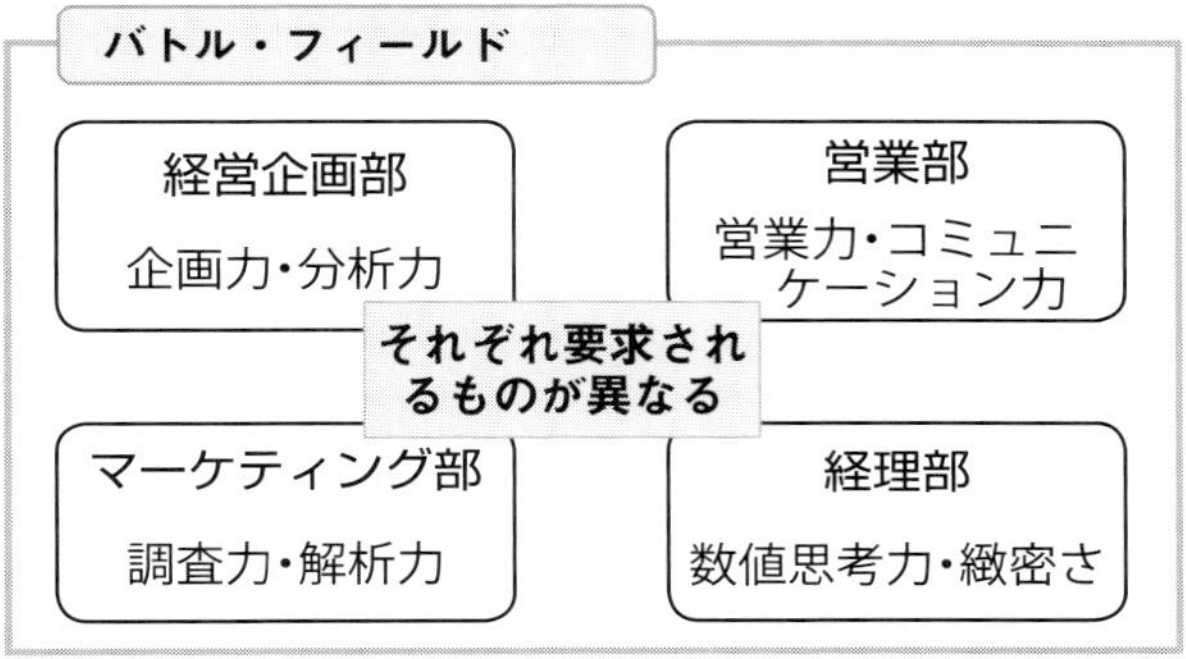

て、自分の立ち位置を明確にすることなのだ。そのうえで、実際に弱みを矯正するというアクションに移る。昔からの弱点だと、あきらめてはいけない。この作業は一流といわれるブランドたちがしてきた努力でもあるのだから。

●中途半端は避ける

なお、弱みの矯正は尖りを無駄にしないために行う作業だ。したがって、そこに大量の時間を費やしても、高いブランド価値など望めない。

限りある時間は有効に使わなければならない。弱みを矯正する資格があるのは、あくまで尖っている者だけ。尖りを持ち得ない者は、弱みについて考える必要すらないのだ。

ケース・スタディ6――支店営業マン

山田さんは、支店の営業マン。顧客とのコミュニケーション力が強みで、これを追求すれば、尖りへと昇華させることができると分かっている。そこで、その機会に自ら飛び込み、日々研鑽を積むように努力している。

ところが、問題をロジカルに考えて答えに導くことが昔から苦手なのだ。顧客ニーズの真因をつかみ取ることで圧倒的な信頼を勝ち取っていても、肝心の提案力が圧倒的に弱い。彼の弱点の補強は、この論理的な思考力をなんとか平均レベルまで高めることだ。

では、具体的に何をすべきか。そんなに多くの選択肢があるわけではない。とにかくロジカルシンキングに関する書物を読みあさって、独力で理解する。短期的に学校に通って、イチから考える力を身につけなおす。または、ロジカルな思考で尖っている仲間や先輩と同行して、とことんその技を盗む。こんな一見愚直なまでの努力が必要だ。

■山田さんのプロセス

・真因を聞き出し、顧客の信頼を勝ち取る …… ○
・論理的な解決策を見いだす …… ×

要素分解

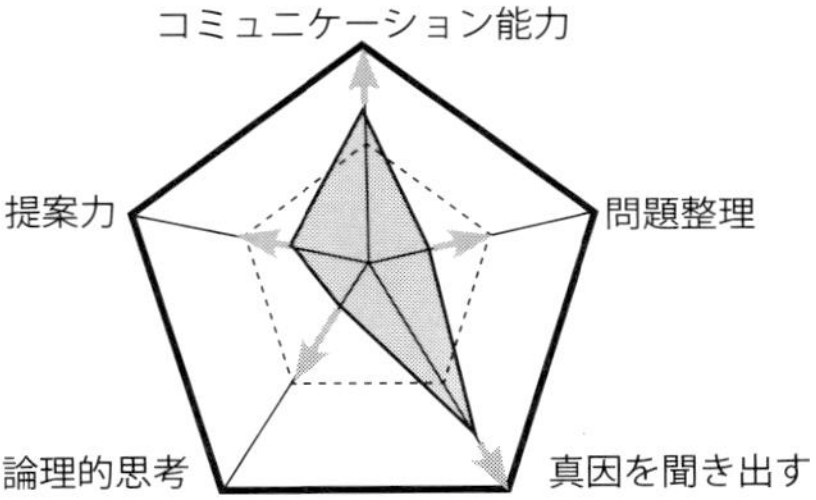

強みの強化

顧客からの全幅の信頼を得るほどにコミュニケーション力を伸ばすために、難しい案件にも積極的にチャレンジ

弱みの補強

書物を読みあさる／短期的に学校に通う／先輩の姿勢を参考にする

地味なアクションだが、戦略的には正しい判断
致命的弱点を認識していることが条件

ケース・スタディ7——本社勤務のリサーチャー

河野さんは、本社のリサーチ部門で働くリサーチャーである。

数字の分析にはかなりの強みがあり、今後この強みを尖りにまで昇華させるだけの可能性がある。彼自身、そのためにどんなリサーチ業務の経験を積めばよいのかは見えている。

しかし、リサーチャーは単に膨大な数字を分析するだけではない。このバトル・ステージで輝くためには、リサーチの成果を人に伝えるというスキルも重要だ。伝わらなければ、リサーチをしなかったのと同じだということも分かっている。しかし、決定的に他者へ伝える力が足りないのだ。

努力はしているが、元来苦手な分野だけに誰にも負けないレベルに上げるのは非現実的だろう。となれば目標は、平均的なプレゼンテーション力を身につけること。数字を使った分析（定量分析）内容自体は、素晴らしいのだ、それ

■河野さんのプロセス

・数字的な分析力……○
・プレゼンテーション力……×

要素分解

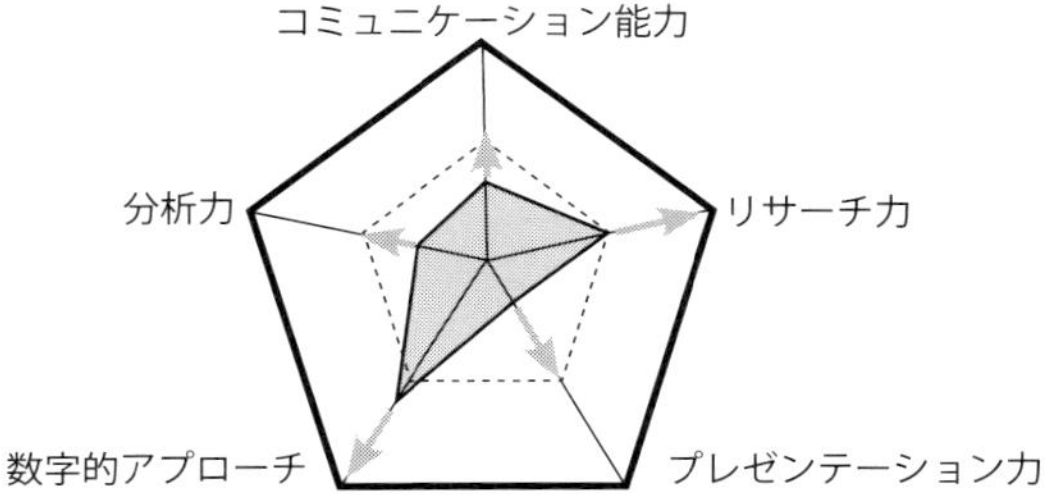

強みの強化

リサーチ・定量分析の意味を
強化できる案件に積極的にチャレンジ

弱みの補強

書物を読みあさる／短期的に学校に通う／
プレゼンテーションをする機会に身をさらす

を他者へ伝えることができれば、ライバルに負けない有益な武器になる。

プレゼンテーション力を身につけるために、まずは基本的なテクニックを学ぶことが必要だ。話すスピード、アイコンタクトなど、プレゼンテーションの基本を説いた本は多いし、トレーニングを実施している学校もある。これらを入り口にして苦手意識を払しょくする。

次に、折に触れてプレゼンテーションをする機会に身をさらすことが不可欠だ。どんなに苦手なことでも、だんだんと場慣れするものだ。

「凄くはないけど、それほど悪くない」と自覚できるようになれば合格だ。

苦手なこと、不得意な分野で今まで避けてきたところに目を向けるのは、つらいことかもしれない。しかし、せっかくのあなたの尖りの芽を無駄にするわけにはいかない。我々の時間には限りがある。特に、ビジネスマンでいる人生はどんどん消化されているのだ。

つらい作業が必要なときは最初に描いた、輝かしい自分の理想像を思い出し、再度、自分を奮起させよう。
あなたの思いを変えられるのは、あなたしかいないのだから。

“あなた”ブランドを高める、12のステップ

》輝ける“あなた”ブランド戦略を構築する《

1.「理想の姿」を自分に問いかける

2. 現在の“あなた”ブランドを分析する

3. 自分ブランドを構成要素に分解する

》あなただけの武器を作る《

4.「強み」を「尖り」に変えて、強力な武器にする

5.「弱み」を矯正する

6. “あなた”ブランドの哲学を注入する

》宣言し証明することで、“あなた”ブランドを構築する《

7. 自分を表す「キーワード」を作る

8. “あなた”ブランドをアピールする

9. 宣言を実行していく

10. “あなた”ブランドの成長を調査する

》成長と進化を繰り返すブランドへ《

11.「限りない成長」のために「タネ」をまく

12. “あなた”ブランドをさらに進化させる

Lesson 2-3

“あなた”ブランドの哲学を注入する

あなたブランドの哲学を考えよう。

(1)

(2)

(3)

●「優良ブランド」の条件

凄い輝きを放つブランドには、次々とファンが集まる。そして、その人々が新たなファンを連れてくる。新たなファンは、また別のファンを……、とまさに芋づる式に拡大されていくこの流れを作り出せれば、〝ブランド〟はその価値を加速度的に増していく。

そのためのプロセスは既に説明してきた。しかし、これだけでは不十分。人々を魅了するブランドには、機能を超えた感情的揺さぶりがある。どんなに優れていても、これが欠けていては人の心を打つブランドになり得ることはない。

しかし、「情熱を持って」という抽象的なイメージではだめ。しっかりとブランド戦略にのっとったうえで、心や感性を総動員してあなたのアツい魂を込めていく。

どんなに尖っていても、それが一瞬の輝きでは人を感動させられない。ブランドとしての哲学や思想がなければ、長期的な熱烈ファンにはなり得ない。単なる機能的に優れた商品で終わってしまうのだ。

ブランドを支える２つの柱

熱い思いと冷静な戦略が不可欠

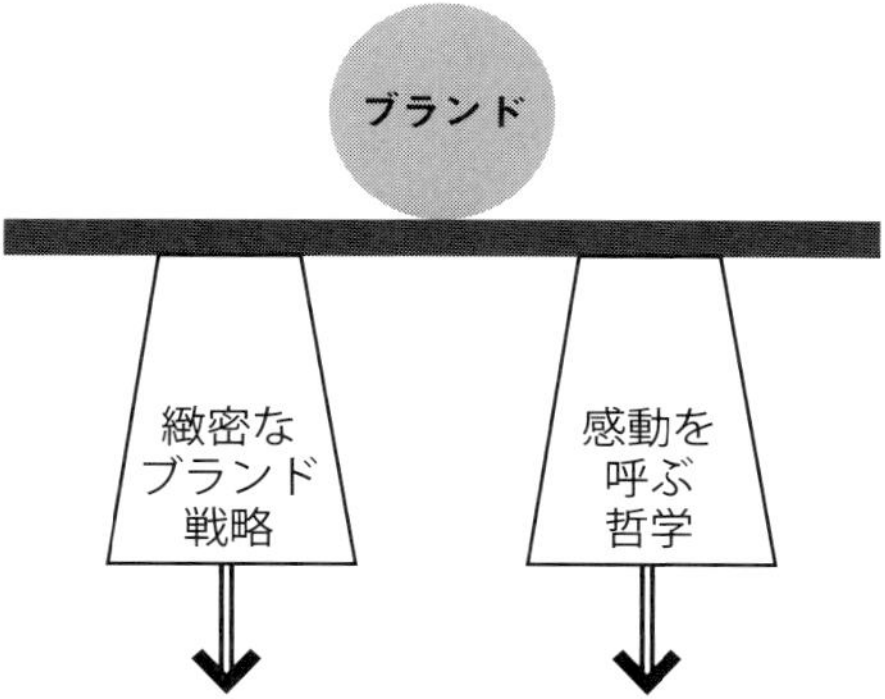

- 次にやるべきことを明確にしてくれる
- ゴールへの最善の道を把握できる

- 揺るがないモチベーションを与えてくれる
- 周囲を魅了し、感動させる

どちらが欠けても、
“あなた”ブランドの構築は成立しない

●「魅力」を生み出すための2つのアクション

・尖り続けること

・その哲学や姿勢、イデオロギーに賛同および感動させること

哲学を注入するためには、この2つのアクションが必要になる。いつでも必ずその尖りを発揮して、聴衆を圧倒し続ける。これが、あなたの心からの思いを注入するうえで、大切な考え方だ。

ブランドがその尖りで評判になれば、その凄みを体験したいと思う人が新たに登場する。最初から好印象で入ってもらえるだけで、仕事は圧倒的にやりやすい。そして、結果がでれば次々とチャンスも巡ってくる。「好循環のサイクル」が回りだすのだ。

●ブランディングの「成功の好循環」とは？

ルイ・ヴィトンは高品質の皮製品と、尖ったデザイン力を恒久的に持ち続けることで、多くのファンを獲得してきた。その尖りに憧れを抱く者が、一人また一人と

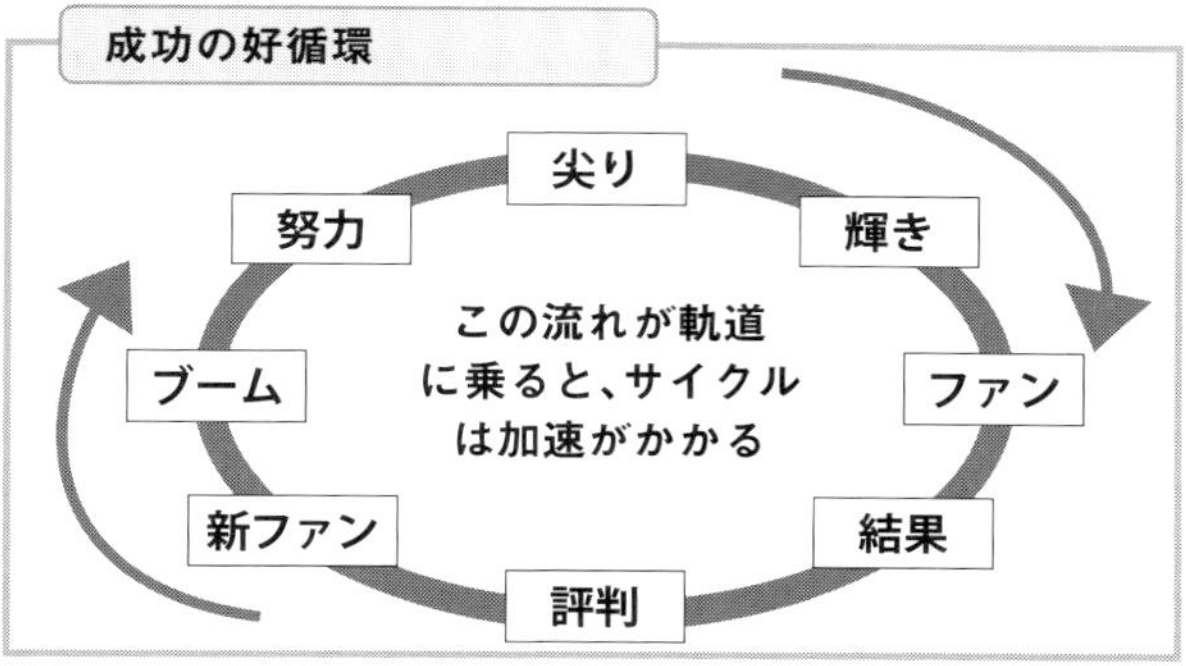

増えていくことで多くのルイ・ヴィトン信仰者は増え、さらにその名前だけで凄みが勝手に歩き出す。そして、憧れと評判が人伝えによってさらなるファンを呼び込んでくる。これが、「成功の好循環」プロセスなのだ。

〝あなた〟ブランドにも、同じサイクルを起こすことができる。あなたが、凄みを持ち続けることで周囲の人々は感動し、評判を立てる。その評判を聞きつけた他の人たちが、あなたのもとに現れ、新たなスパイラルを作る。

あなたが、その尖りでファンを魅了し続けるかぎり、新たなファンがさらなるスパイラルを作るだろう。

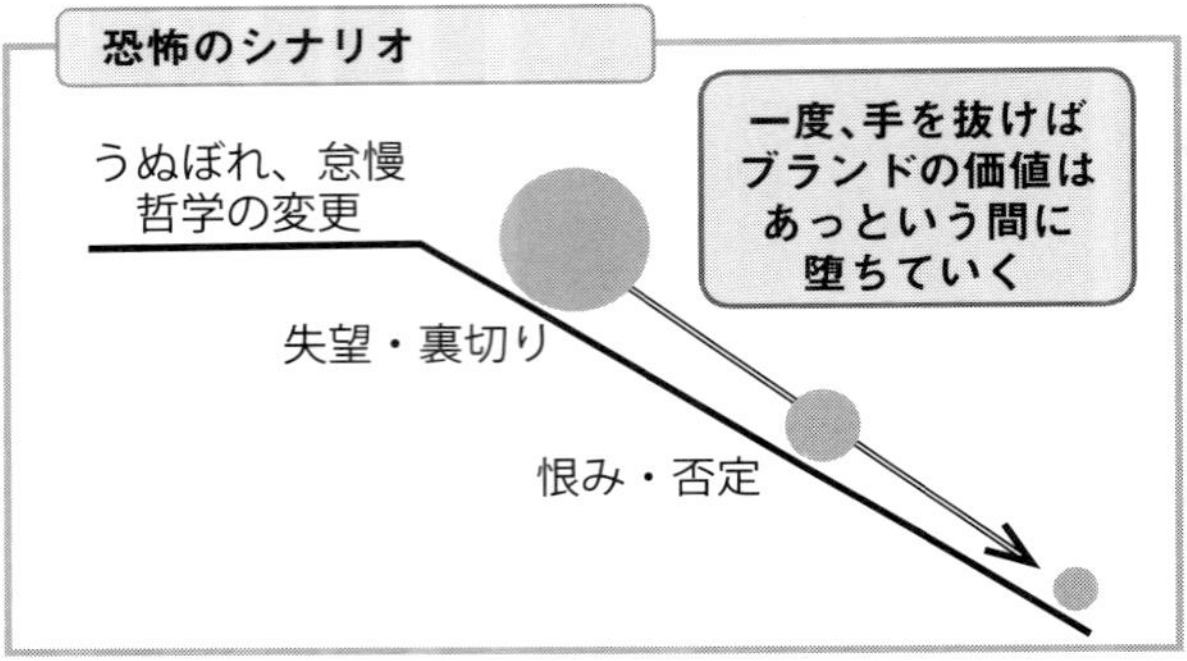

●ファンが呼び込む「恐怖の転落シナリオ」

スパイラルは好意的なものばかりではない。

評判を聞きつけたファンは、現状以上の期待を抱いている可能性もある。それに応えて、かつ期待以上の結果を出せなければ彼らは失望する。すると今度は「期待はずれ」という辛らつな口コミが走りだし、一気にブランドは堕ちて行く。恐怖の転落シナリオもまた、加速をつけて回りだすのだ。

もしもルイ・ヴィトンが、品質やデザイン力を落とせば、憧憬を抱いている多くのファンは失望し、世界中のファン離れに発展するだろう。ファンとは、実は、恐ろしく冷酷な存在でもあるのだ。

●あなたの「哲学」が人を魅了する！

では次に、哲学や姿勢、イデオロギーに感動させるという、情緒的な側面について考えてみたい。

輝きを放つブランドは、単なる機能的な尖りを超えて観衆に感動を与える。その根源になるのが、内に秘められた哲学や姿勢であり、そのブランドたるイデオロギーなのだ。

◇例1：ハーレー・ダビッドソンの場合

ブランドの根底に流れる武骨な生き方。体制への反逆の精神。鮮烈な自立心。ハーレーはその哲学を提唱し続け、ファンはその哲学に酔いしびれている。

ハーレーに乗ることは、単なるアメリカンテイストで独特なエンジン音を奏でるスタイルということだけではなく、そのイデオロギーを共有する「仲間の一員になる」ということなのだ。

いつの時代でも、世の中の安易な流れに乗ることなく、自分らしさを追及してい

ハーレーの手法

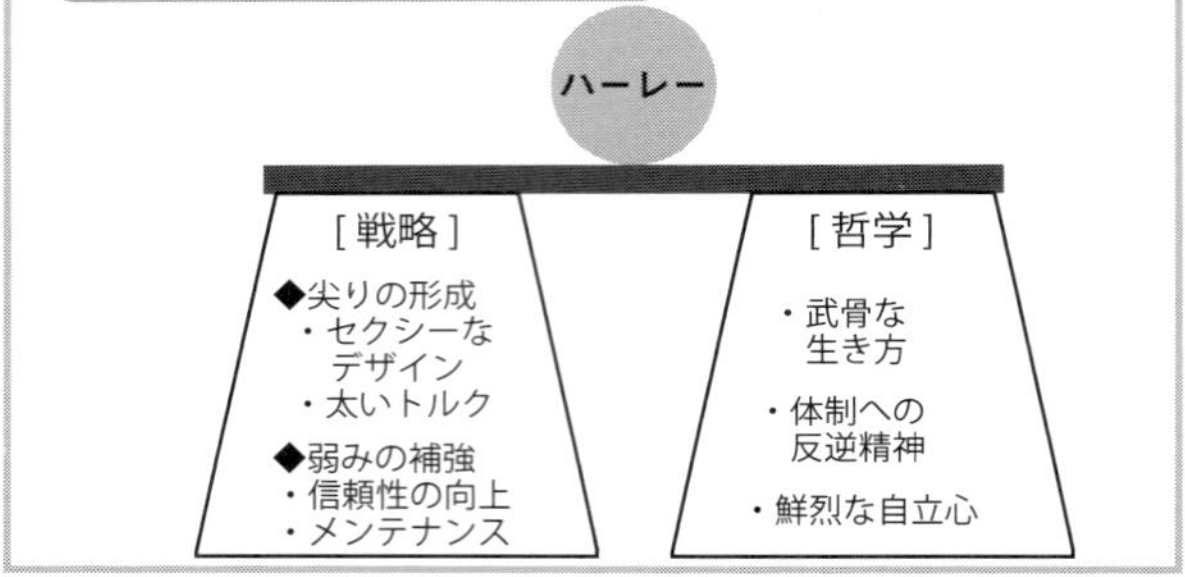
ハーレー
［戦略］
◆尖りの形成
・セクシーなデザイン
・太いトルク
◆弱みの補強
・信頼性の向上
・メンテナンス
［哲学］
・武骨な生き方
・体制への反逆精神
・鮮烈な自立心

く。ハーレーにまたがり街を疾走するとは、それを具現化すること。ここまで彼らの哲学や魂がファンの心の奥底にまで浸透しているブランドは、他にはそうない。

しかし、肝心な点を見逃してはいけない。ハーレーはブランド戦略の基本をしっかりと押さえている。機能的にとても尖った部分——見る者を魅了するセクシーなデザインや太いトルク——はライバルを圧倒している。さらに、バイク自体の質を高める努力も怠っていない。

そのうえで、哲学やイデオロギーといったエモーションを、強烈なまでに注入しているのだ。ハーレーという、ひとつの文化を形成するほどに自らの価値観を提唱し、ファンを魅了し続けて

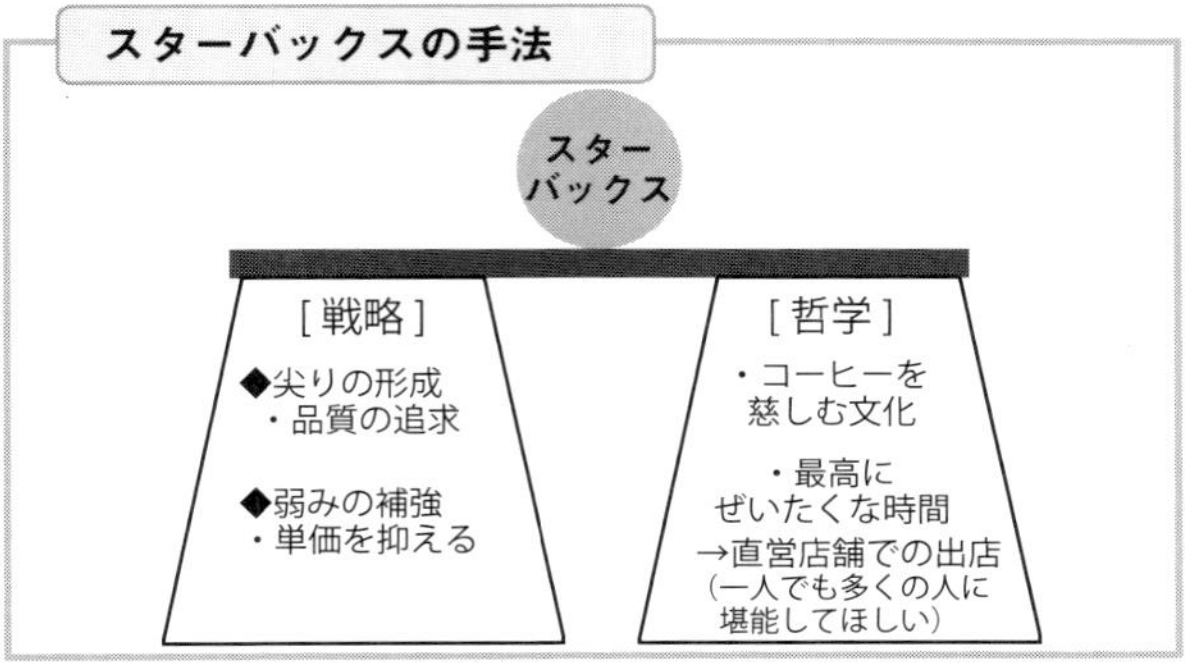

いる。これがハーレーを支えるエモーションなのだ。

◇例２：スターバックスの場合

スターバックスの魅力は、単に最高の味と高品質のコーヒーの提供だけではない。その根底にあるコーヒーを慈しむ文化や、コーヒーを中心にした最高にぜいたくな時間を、一人でも多くの人に堪能してもらいたいという会社としての哲学が、どの店舗にも溢れているのだ。

だからこそ人は、スターバックスのコーヒーを飲むときに、特別な思いを感じ取る。その深い味わいを超え、コーヒーの文化にどっぷりと浸って、最高の時間を味わうことができる。

会社としての哲学を完璧なレベルで体現するために、スターバックスは、フランチャイズではなく、直営店舗での出店にこだわっている。その哲学が表現できないのであれば、コーヒーをサーブすることにも意味がなくなるという思いからだ。

●「客観性」が、〝あなた〟ブランドを高める！

あなたというブランドは、いつでも強烈に尖り続けているだろうか。また、他者を圧倒するほどに、その哲学や姿勢、イデオロギーを体現しているだろうか。自分が観衆になったつもりで一歩引いて考える。これが肝心なことなのだ。

一度高め上げた尖りでも、それを維持する努力をしなければ、あっという間に単なる強みになり下がる。また、どんなに凄い仕事をし続けたとしても、生き方や考え方がその中に込められていなければ、ブランドとしての完成にはありつけない。

「いくつになっても挑戦し続ける」
「人ができないことをする」
「何があっても絶対にあきらめない」

「正しいことをし続ければ、必ず結果はついてくる」

愚鈍な人生哲学と言われても構わない。大切なのは、その哲学やイデオロギーに、自分自身が感動できるかということ。自分であるための哲学を守るために、努力し続ける、その心意気があるかという問題なのだ。

〝あなた〟ブランドに強烈な哲学やイデオロギーがあって、なおかつ、いつでも尖り続けていられるのであれば、必ずやファンは拡大していく。そして、彼らの高い期待値をいつでも超える凄みを提供し続ければ、ファンはやがて信仰者になってくれるだろう。ここまでくれば、〝あなた〟ブランドは完成されている。

輝いている企業は、ブランドの凄みを磨き続け、その哲学を姿勢で示している。新商品にはファンへ向けた、その企業の尖りと哲学が込められている。それらは、その商品を手にした多くのファンに伝わり、認知されていくのである。

ケース・スタディ8——経営企画部の中堅ビジネスマンその3

これまでにも何度か登場した、本社経営企画部の高橋さんの例で、エモーションの注入を考えよう。

高橋さんは支店経験とロジカルに考えるスキルが強みで、そこを尖りへと昇華させるために努力を積み重ねた。その結果、現場感をベースに練られた実践可能な企画力という尖りを手に入れた。

しかしここで満足していては、作り上げたブランドは一瞬で消失してしまう。ブランドは、尖り続けないといけない。では自分の尖りを磨き続けるために、何をするべきか。

過去の支店経験は時間の経過と共に風化し、だんだんと現場との距離が遠くなるのは否めない。そこで、絶えず営業の最前線にいる仲間から、今現在の現

■高橋さんのエモーションの注入

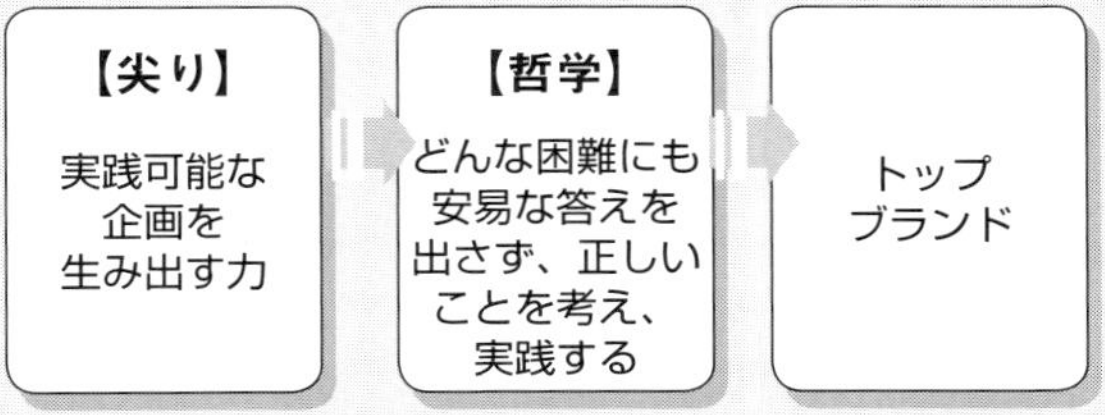

場状況や、顧客ニーズを情報収集し続ける。そのためには、足しげく現場に顔を出し、営業マンの声に耳を傾け、現場感を肌で感じることが不可欠だ。

高橋さんの尖りは、誰よりも現場の情報に精通していること。それらの努力を怠っては、現場感という尖りはあっという間に、単なる「過去の経験」になり下がってしまうのだ。

そして、論理的な思考力というスキルも、磨き続けなければさびついてしまう。常に新しい問題に取り組む、未知の分野に挑戦することで、高いレベルを維持できるようになる。

「自分は周囲より一歩先んじた！」と慢心した途端に、尖りが輝きを失い、単なる強みへと鈍化していく悪のプロセスが始まるということを、肝に銘じておこう。

そしていよいよ、最も大切な哲学や姿勢についても、行動を起こすタイミングがきた。〝尖り〟を絶対的な〝ブランド〟に高めるために……。


高橋さんは、仕事に対して自分なりの哲学を考えた。彼は「どんな状況でも、本当に会社にとって正しいことを考え実行する」ことを目指してきた自分を発見する。これからも、この思いに忠実に仕事に取り組むことを心に決めた。

彼の哲学は、日々、真剣に業務に取り組む姿勢から周りに波及していく。そしてその哲学に感銘を受けた仲間が、その姿勢に感化されはじめる。ここまできて、ようやく〝自分〟ブランド完成の第一歩を迎えられるのだ。


では、あなたが伝えたい熱い思いや、あなたたる存在意義を描いてみよう。

自分の中に哲学を注入するのは、簡単なことではないだろう。しかも、この哲学は、これからの〝あなたブランド〟の根底をなす重要な要素なのだ。

冷静に心の中をのぞいてみる。自分を見つめる第三者になったつもりで、その哲学や姿勢に感動できるか、魂が込められているかを感じるのだ。

〝自分〟ブランドの完成とは、優秀なビジネスマンではない。それを超越した存在なのだ。仕事内容も、その哲学すら影響を与える存在。そんなブランドになるために、自分の心のうちをしっかりと感じ取ることも大切な作業なのである。

第２章のまとめ

あなただけの武器を作れ

1.「強み」を「尖り」に変えて、強力な武器にする

・バトル・フィールドの明確化

・磨いていく「強み」を選定

・具体的手法を決定

2.「弱み」を矯正する

・バトル・フィールドの明確化

・ポイント・オブ・パリティを意識

3. “あなた”ブランドの哲学を注入する

・尖り続けることが重要

・哲学、イデオロギーを徹底する

第3章

宣言し、証明することでブランドは構築される！

“あなた”ブランドを高める、12のステップ

》輝ける“あなた”ブランド戦略を構築する《

1．「理想の姿」を自分に問いかける

2．現在の“あなた”ブランドを分析する

3．自分ブランドを構成要素に分解する

》あなただけの武器を作る《

4．「強み」を「尖り」に変えて、強力な武器にする

5．「弱み」を矯正する

6．“あなた”ブランドの哲学を注入する

》宣言し証明することで、“あなた”ブランドを構築する《

7．自分を表す「キーワード」を作る

8．“あなた”ブランドをアピールする

9．宣言を実行していく

10．“あなた”ブランドの成長を調査する

》成長と進化を繰り返すブランドへ《

11．「限りない成長」のために「タネ」をまく

12．“あなた”ブランドをさらに進化させる

Lesson 3-1

自分を表す「キーワード」を作る

４つの要素からブランド・ステートメントを作ろう。

立ち位置
尖り
弱みの補強
哲学

ブランド・ステートメント

●「〝あなた〟ブランド戦略」を実践する

第1章と第2章では、戦略を説いた。第3章では、具体的なアクションについて解説していく。

まずは「ブランドのキーワード化」。頭の片隅に置いて、いつでも意識できるように簡潔なキーワードでイメージを連結させるのだ。

次に「有言実行」。自分ブランドについて宣言し、それを愚直なまでに遂行していく。

その2つを行った以上、常に周囲からのチェックが入り、実行していくことが自分自身に課せられる。それは、漠然と自分の中だけで努力に励むよりも、研鑽を重ねるうえでのモチベーションを確実に変える。強いモチベーションの維持は、より確実にゴールへと導いてくれるのだ。

ではまず、ブランドの基本理念をキーワード化してみよう。考え抜いた戦略をシンプルにまとめるという、とても重要で不可欠なパートである。

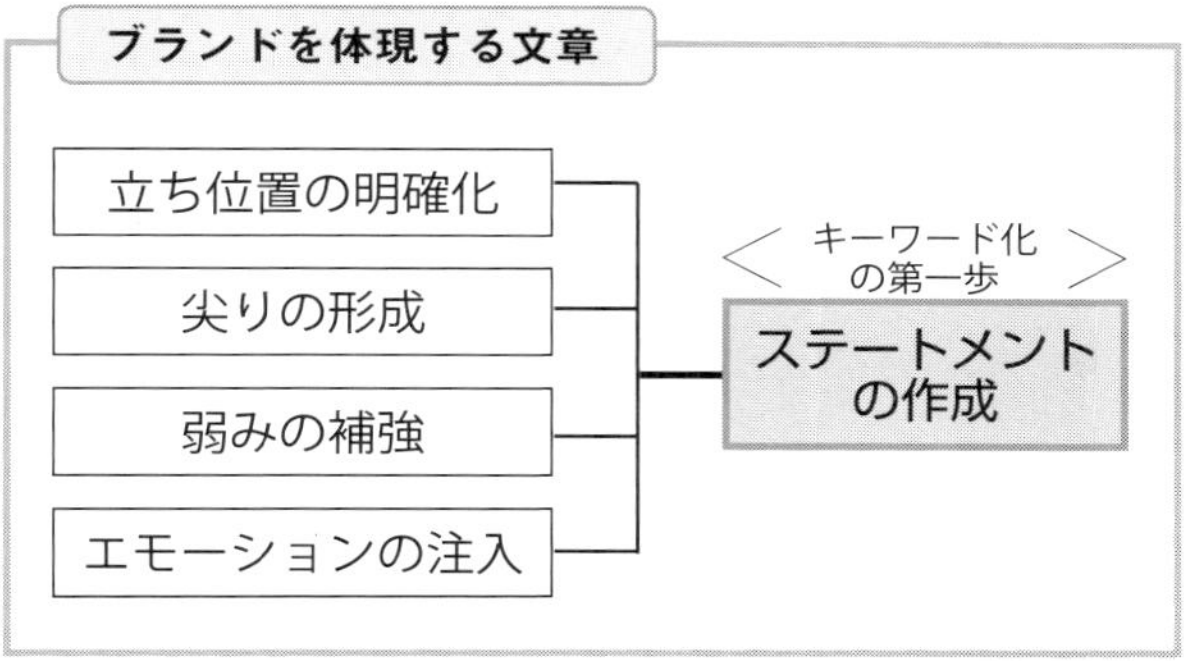

●戦略を実践に移す、もっともシンプルな方法

ブランド戦略の構築には、「立ち位置を明確にする」「尖りの形成」「弱みの補強」「エモーションの注入」の４つの要素があった。これらがバラバラの戦略のままアクションを起こしても、行動に一貫性がなくなる。そのための解決策、それは**「これらをまとめて文章にする」**ということ。これがキーワード化の第一歩となる。

●文章で表現する絶大な効果

マーケティングの世界では、「ポジショニング・ステートメント」という考え方がある。

「A社は、Bという商品を発売する。これはターゲット顧客のニーズXを商品Bが満たすことができ、かつA社の強みであるYで競合他社に差別化ができるからだ」

このような文章（ステートメント）を用いて、商品戦略を簡潔に言い表すことで、誰もがその商品のコンセプトや企画をシンプルに理解でき、確実なマーケティング活動が実践できるのだ。

これはブランド構築でも使える手法だ。分解された要素を組み合わせて文章にすることで、肝心なポイントを逃すことなく、アクションを起こし続けられる。

例えば、営業支店で〝あなた〟ブランドを構築する場合、次のようなブランド・ステートメントが書ける。

「わたしブランドは、顧客とのコミュニケーション力で絶対的な尖りを見せる。そして、弱みである分析力は平均的なレベルまで押し上げ、本当に正しいことをするという強い哲学のもとに、どんな業務にもいそしむ」

これで自分のなかでゴールがクリアになって、必要なアクションに結びつけやすい。さらに周囲にも伝えやすくなる。

モチベーションが失われそうなときに、自分の支えになる、かなり使える実践技なのだ。

しかしこのままでは、構成要素をもれなく包含しているだけに冗長である。キーワードとは、スパッと一言でそのブランドを象徴するもの。スローガンのようにシンプルなコンセプトであれば、頭の中はさらに整理され、常に思い出すことができる。

●「Just do it」が凄い、本当の理由

「Just do it」と提唱し続けるこのコンセプトに、人は魅惑される。このブランド・コンセプトは、まさに一言でナイキの戦略を言い表している。

人種や世代を超えてスポーツの熱狂や楽しさを提唱する哲学を表し、それを可能にする高品質な商品を提供する。

それが「Just do it」——とにかくやってみよう。ナイキがあなたについているのだから——。

このキーワードの背景には、自社の強みやバトル・フィールドに関する考え抜かれた戦略が存在しているのは言うまでもない。それらをひもとけば、ブランド・ステートメントが読める。そのうえで、一言でブランドを包含したキーワードを打ち出している。単なる哲学だけではなく、その構成要素に裏打ちされたコンセプトを。

〝あなた〟ブランドも、ガツンと衝撃を受けるようなコンセプトがあれば、成功に向けた熱い思いを胸に、人生の指針とできるだろう。

もちろん、Just do itほど、洗練され、格好よく練り上げられたコンセプトでなくても構わない。これからの人生をけん引してくれるだけの言霊を持っていれば、どんな言葉でもあなたの原動力になるのだ。

ナイキのコンセプト

伝わりやすいキーワード

Just do it.

↓

ブランド・ステートメント

人種や世代を超えて、スポーツの熱狂や楽しさを提唱する哲学を表し、それを可能にする高品質な商品を提供していく

キーワードは、
ブランド・ステートメントに
解析できる。

●キーワードの分析

例1「絶対に問題解決をあきらめない」

この背景には、どんな困難にも屈することなく、必ず目の前にある問題を解決する信念や哲学が存在している。そのためには、問題を徹底的に分析し、粘り強く解決策を考え抜くための、スキルとしての尖りがあることは言うまでもない。

このキーワードによって想起されるビジネスマン像は、本社の経営企画部のスタッフであっても、支店の営業マンであっても、十二分に体現できる。

また、絶えず課題にチャレンジしていくことを必要としている場であるため、多くのバトル・フィールドに当てはまるだろう。このキーワードのブランド・ステートメントは、「弱みの補完」以外、ほぼ言い表されていることが分かる。

では、ブランド戦略で必要な4つの構成を含んだ、ブランド・ステートメントを作成してみよう。

例えば

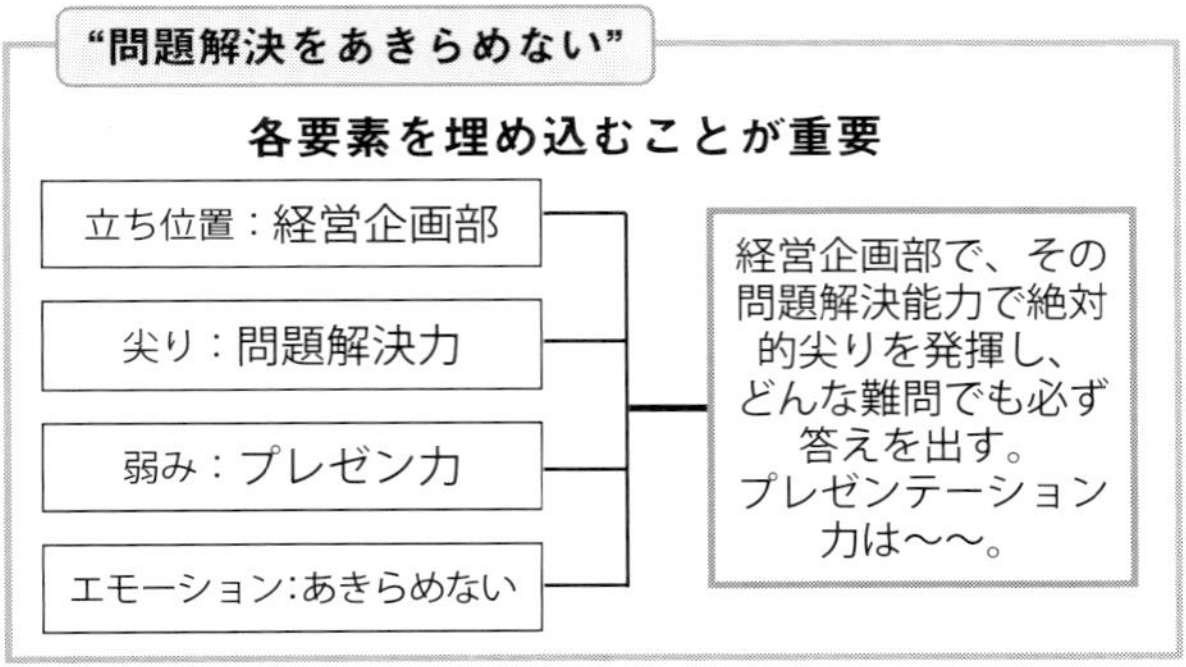
“問題解決をあきらめない”
各要素を埋め込むことが重要
立ち位置：経営企画部
尖り：問題解決力
弱み：プレゼン力
エモーション：あきらめない
経営企画部で、その問題解決能力で絶対的尖りを発揮し、どんな難問でも必ず答えを出す。プレゼンテーション力は〜〜。

「わたしのブランドは、本社経営企画部において、問題解決力で絶対的な尖りを発揮し、どんな難問でも必ず答えを出す。

　弱みであるプレゼンテーション力では、経営企画部の平均レベルまで達する。そして何よりも、絶対に難問から逃げない、毅然とした態度を持って、日々の仕事に取り組んでいく」

といったように。

　これならば、「絶対に問題解決をあきらめない」というコンセプトに、その詳細であるブランド・ステートメントが補完し、ぶれることなくゴールに向けてのアクションを起こせるだろう。

例2「ビジネスインパクトにこだわれ」

これは、結果に導く解決策を、考え抜いて打ち出すことにこだわったブランドの基本理念である。その背景には現実的な提案をする尖りがある。

しかし、ロジカルな思考力が弱みでは説得力に欠け、肝心のバトル・フィールドでライバルたちを伍すことなどできない。やはり、ブランド戦略と、それらをシンプルにもれなく包含したステートメントが存在することは言うまでもない。

例3「突き抜ける発想」

広告代理店や業界内のリーダー的な企業において、このコンセプトでライバルたちよりも尖ることができれば、あなたは凄いブランドになることができるだろう。「人が考えつかないような、とてつもないアイデアをいつでも生み出す」「既成概念にとらわれずに、常に新しいことに挑戦していく」という生き方は、多くの人を魅了する。

もちろん、この発想力というスキルで尖るのは相当大変だ。また、単に発想がと

思いが大切！

すてきなキーワードでも、中身が伴わなければ、何のパワーもくれない！

っぴであるだけでは問題外。実現可能で、かつ説得力がなければ、突き抜ける発想とは呼べない。

そのためにどんな弱みを補完したらよいのか、日々どんな研鑽を積んだらよいのか、おのずと見えてくる。必要なブランド・ステートメントもクリアに表現できるだろう。

●キーワードを評価する「リトマス試験紙」

キーワード、そしてブランド・ステートメントは、自分で感じてみることが大切だ。「Just do it」のように洒脱《しゃだつ》な言葉でなくても、構わない。どんなにすてきなキーワードでも、4つの構成要素が含まれていないと意味がない。また、自分自身がそのキーワードに思いをはせることができなければ、何のパワーも与えてくれないのだ。

その言葉に感動できるか、コンセプトを聞いただけで輝ける自分の姿が想像できるか、素晴らしいゴールが描けるか……。それがクリアになれば、〝あなた〟ブランドの戦略は、実行可能なレベルにまで落とし込むことができている。ゴールに向かって突き進むことができる段階だ。


なお、どんなに自分が共鳴できたとしても、独りよがりは禁物だ。他の人の心に響かなければ、あるいはあなたがゴールとするビジネスマン像が、他者に受け入れられないならば、その戦略は間違っているのだ。

忌憚のない意見をくれる人が、もしもあなたの提唱するブランド・コンセプトには魅力がないと言えば迷わず修正しよう。間違ったゴールを目指し、徒労に終わらせないために。

また、宣言したゴールへ向かって進めているのか、冷静に指摘してくれる存在も必要だ。自分の真の姿は自分以上に周囲の人が把握していたりする。それをガツン

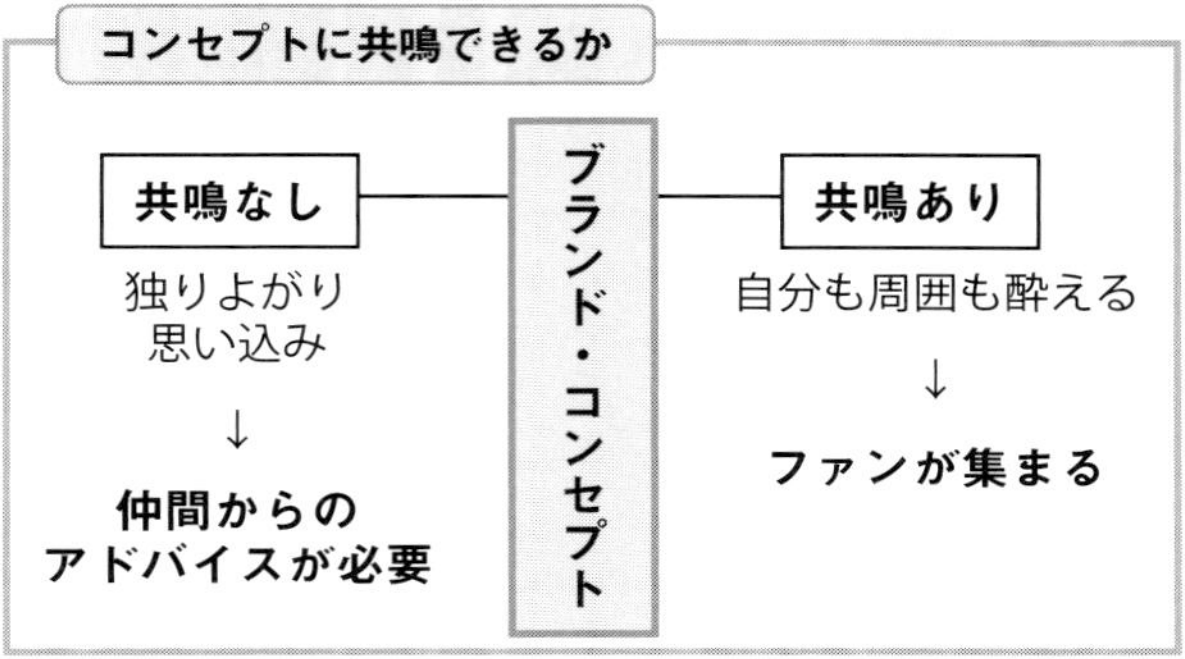

と投げてくれる仲間はブランド構築には欠かせない存在なのだ。

彼らからフィードバックをもらう方法は追って説明するが、まずは率直な意見をくれる人を探してみよう。その存在は、これからのあなたの人生にとっても、大切な存在になるはずだ。

“あなた”ブランドを高める、12のステップ

》輝ける“あなた”ブランド戦略を構築する《

1. 「理想の姿」を自分に問いかける
2. 現在の“あなた”ブランドを分析する
3. 自分ブランドを構成要素に分解する

》あなただけの武器を作る《

4. 「強み」を「尖り」に変えて、強力な武器にする
5. 「弱み」を矯正する
6. “あなた”ブランドの哲学を注入する

》宣言し証明することで、“あなた”ブランドを構築する《

7. 自分を表す「キーワード」を作る
8. **“あなた”ブランドをアピールする**
9. 宣言を実行していく
10. “あなた”ブランドの成長を調査する

》成長と進化を繰り返すブランドへ《

11. 「限りない成長」のために「タネ」をまく
12. “あなた”ブランドをさらに進化させる

Lesson 3-2

“あなた”ブランドをアピールする

あなたブランドのフレーズを考えてみよう。

(1)

(2)

(3)

●ブランドは、伝わってはじめて「価値」が出る

企業は広告宣伝などで、絶えず世の中にその商品や企業価値を宣言している。「どんな尖りを持っているのか」「どんな哲学や姿勢を持って企業活動を行っているのか」「どんな商品やサービスで具現化しているのか」。宣言した内容はメディアをとおして多くの人に伝わり、その評判はどんどんと広がっていく。

肝心なのはきちんと世の中に向かって、力強く宣言すること。どんなに人を魅了する尖りや哲学でも、宣言なしには伝わることも認知されることもない。

●企業はどのようにして「価値」を伝えているのか

世の中にメッセージを送る方法は、「広告宣伝」と「広報活動」。どちらも顧客に対して大切なブランド・メッセージを送るために、欠かすことのできない手段だ。

広告宣伝には、いわゆるブランド広告と言われるものがある。これは商品やサービスそのものよりも、企業やブランドの提唱する哲学や姿勢についてターゲット顧客にメッセージを届ける手法だ。

広告宣伝と広報活動

ブランドメッセージ

［広告宣伝］

企業やブランドの提唱する哲学や姿勢についてのメッセージを届ける
（莫大なコストを要する）

→CMや雑誌広告など

［広報活動］

メディアを利用してブランドの尖りや哲学を伝達
（コストはかからない）

→HPやニュースなどのプレスリリース

ナイキの「Just do it.」はまさにこの典型例で、CMではこのメッセージが最後に現れる。また、マスターカードの「Priceless」を謳《うた》った広告も、この分野に入る。

一方で、商品やサービスそのものの尖りを、前面に押し出したものが商品広告。数多ある商品広告の中で「良い」と評価されるのは、きちんとその商品やサービスの尖りをダイレクトに伝えている。

価格、機能、付加価値サービスという、それら尖りの根底には、一体どんな企業やブランドとしての哲学や姿勢が存在しているのか。小手先の広告作りのテクニックの駆使だけでは、その効果は悲しいぐらいに薄い。メッセージがしっかりと注入されてはじめて、その広告は絶大な効果を発揮するのだ。

広告宣伝と比べると地味な印象があるが、実は広報活動は、広告宣伝に負けないぐらいの威力を秘めている。

ある企業が新商品を発売したとする。それを企業の広報部はプレスリリースに上げ、メディアに発信する。そのリリースが、ブランドの持つ尖りや哲学をきちんと踏まえたメッセージであれば、メディアはニュースや記事として取り上げる。広告宣伝のように莫大《ばくだい》な費用を使うことなく、世の中に伝えることができるのだ。

もちろん、広告宣伝にも広報にも、効果的な手法や戦術が存在する。特に広告宣伝には多額のコストがかかるため、効率的に売上や顧客獲得につなげる方法について、多くの言説がある。また、広報活動でも、より多くの媒体に取り上げてもらうための戦術がある。

広告宣伝と広報とを上手く融合させて、〝あなた〟ブランドを、うまく宣伝していこう。

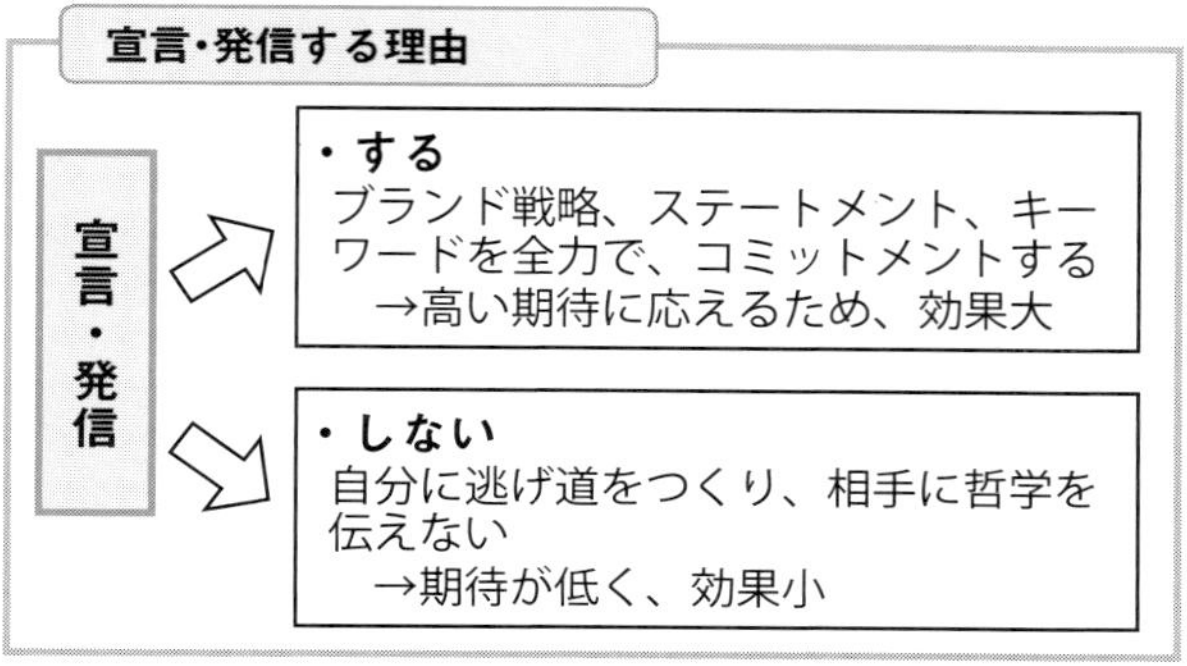

●なぜ「宣言すること」が大事なのか

宣言するとは、すなわち顧客に対して約束をするということ。企業として、コミットメント（目標必達の姿勢）を示すのだ。

例えば、そのブランドが「他社にはない尖り」を広告で謳ったのであれば、その面で顧客の期待に応えることは当然のことだ。「ブランドの哲学」を高らかに宣言したのならば、その期待を裏切るような商品やサービスは提供できない。全身全霊でコミットメントする。それがブランド宣言することの、本当の意味だ。

これは〝自分〟ブランドでもまったく同じ。その練り上げられたブランド戦略と、ステートメントやコンセプトを宣言するということは、多くの人にメッセージを届けると同時に、宣言した内容にコミットメントをするということに他ならない。

●ほんの少しの工夫で、あなたの価値は伝わる

あらゆる機会に、ブランド・キーワードや、ブランド・ステートメントを発信しよう。発信しなければ、相手には絶対に伝わらない。どんな哲学を持って、仕事をしているのか。態度で示す。だが、宣言だけではコミットメントを埋め込むことはできない。

では具体的にはどうしたらよいのか。普段の業務に対する姿勢と共に、あなたの哲学や尖りについての解説を加えるのだ。

例えば、仕事を進める際の議論の最後に、ほんの一言自分のブランド哲学を語ればよい。それが当たり前のような口調で。

「やはり、ビジネスインパクトにこだわり続けないといけないと思う。これが私の仕事

発信することの意義

・“あなた”ブランドが一体どんなブランドを目指しているのか、周囲に伝えること

・自らそのメッセージに対してコミットメントをすること、宣言した内容を証明する約束をすること

これを忘れてはならない！

に対する哲学だしね」

こんな一言で十分だ。尖りについても同様に語ることができる。

「数字を使った分析が僕の最大の付加価値なので、もしもお役に立てそうなときは、いつでも連絡をください」

誰かと一緒に仕事をしているときこそ、あなたの考えや姿勢を伝えるチャンス。ちょっとした一言から、〝あなた〟ブランドとは、一体どんなブランドなのかを伝えることはできる。一人だけで仕事にいそしむことは少ないだろう。ならば、〝あ

なた〟ブランドを伝える機会はあらゆるところにあるはずだ。長々と壮大な演説をしなくても、ちょっとした一言を付け加えるだけで相当の効果があるのだ。

●メールで伝える〝あなた〟ブランド

また、電子メールの最後に〝あなた〟ブランドの哲学を一言添えるのも、簡単だが効果の高いメッセージ発信方法だ。

例えば「Add Value（付加価値）」「Business Impact（ビジネスの結果にこだわる）」といったような横文字の一言でもよいし、「突き抜ける発想を」といったように、ベタベタの日本語でもよい。洗練されたコピーでなくてもよい。何かしらのメッセージを発信することが重要なのだ。先人たちが残した格言や諺《ことわざ》でも構わない。それが〝あなた〟ブランドの根底に流れる哲学と一致していれば、効果は一緒なのだ。

メッセージの発信は、とても地味な作業である。身近な機会を「できるだけ利用する」ぐらいの気概がないと、なかなか伝わらない。有名企業ですら、一度にすべ

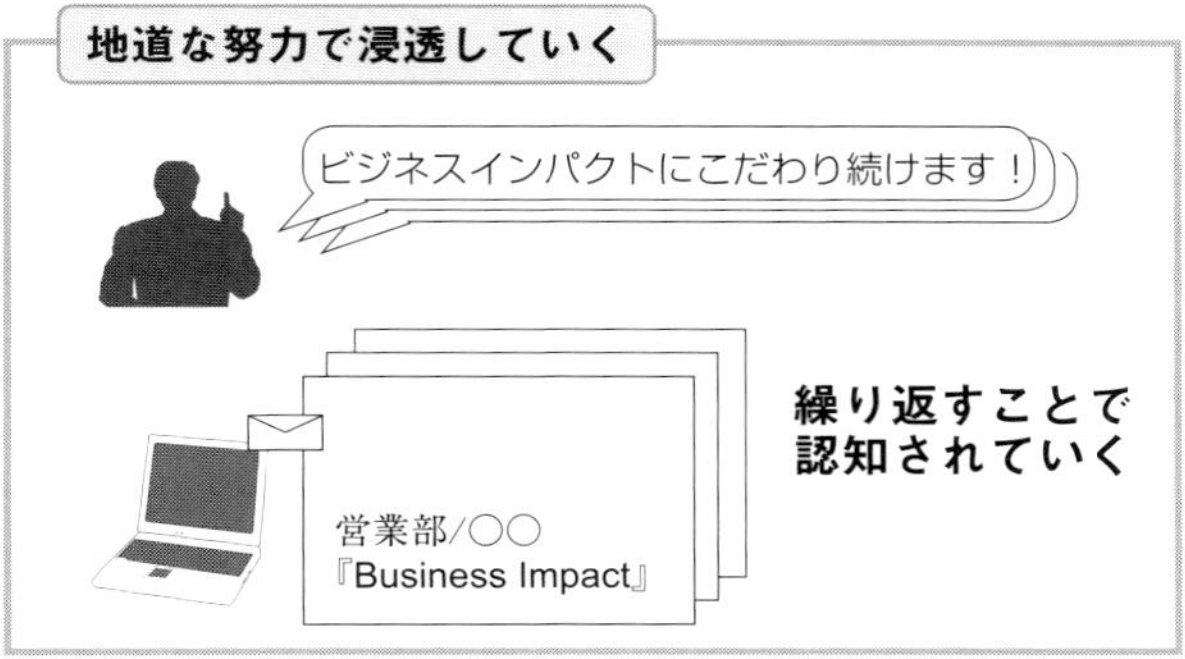
地道な努力で浸透していく
ビジネスインパクトにこだわり続けます！
繰り返すことで
認知されていく
営業部/○○
『Business Impact』

てのターゲットに対してメッセージを伝えることなどできやしない。

広告にも広報にも、顧客層に届くには限界がある。そのために媒体や回数を増やし、繰り返しメッセージを発信しているのだ。

この地道な努力で、ブランドが提唱する哲学やイデオロギーは、じわじわと浸透していく。

日々少しずつだが、あなたの考えや姿勢、そしてあなたの尖りが周囲に伝わるのだ。接する機会が多ければ、その分、彼らの脳裏にあなたの言葉が滞留し始めるだろう。

“あなた”ブランドを高める、12のステップ

》輝ける“あなた”ブランド戦略を構築する《

1.「理想の姿」を自分に問いかける

2. 現在の“あなた”ブランドを分析する

3. 自分ブランドを構成要素に分解する

》あなただけの武器を作る《

4.「強み」を「尖り」に変えて、強力な武器にする

5.「弱み」を矯正する

6. “あなた”ブランドの哲学を注入する

》宣言し証明することで、“あなた”ブランドを構築する《

7. 自分を表す「キーワード」を作る

8. “あなた”ブランドをアピールする

9. 宣言を実行していく

10. “あなた”ブランドの成長を調査する

》成長と進化を繰り返すブランドへ《

11.「限りない成長」のために「タネ」をまく

12. “あなた”ブランドをさらに進化させる

Lesson 3-3

宣言を実行していく

あなたブランドのコンセプトを確認しよう。

●「看板に偽りあり」では……

ブランド・コンセプトは証明されて、はじめて信用が得られる。どんなに美辞麗句を並べても、実行が伴わなければ、逆に信用を落とす結果になるのだ。

「エブリデー・ロープライス（毎日低価格）」というブランド・コンセプトを掲げ、あらゆる場面でそのメッセージを発信し続けているウォルマートが、実際には競合よりも割高に価格設定していたら、あっという間に顧客の信用を失うだろう。

宣言したからには、日々絶え間ない努力を続け、自らのブランドを証明していく。競合他社よりも仕入れや配送コストを下げ、店舗の低コスト・オペレーションを推し進める。また、他社の価格を常に視察し続け、価格設定に差があればすぐに訂正する。それができないなら、ブランド・メッセージを発信する資格などない。

あなたが「問題解決を絶対にあきらめない」という哲学を、社内外の多くの人に宣言したとする。しかし実際には難問にぶつかるたびに、いつでも妥協して行き当たりばったりの答えしか出さなければ、「宣言に偽りあり」だということを証明しているようなものだ。

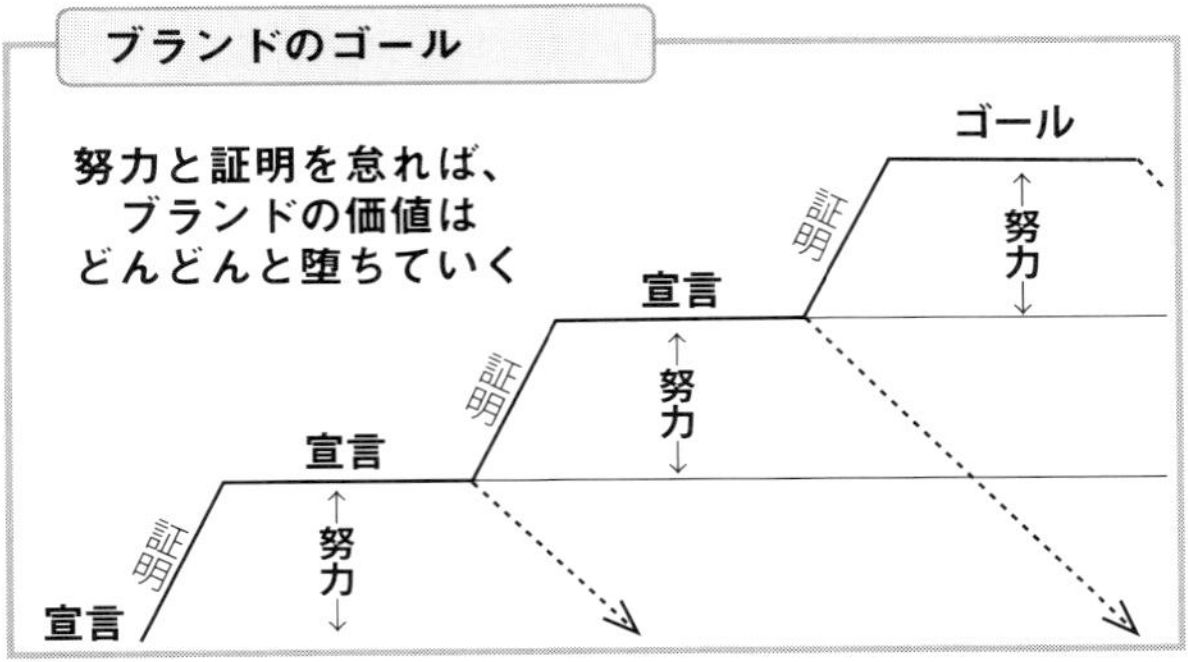

高らかに宣言したことを証明する。それがブランドの価値を高めていくのだ。

ブランドの構築にはとても時間がかかる。**宣言と証明という作業を繰り返し**、じわじわとそのブランド価値が浸透して、ようやく突き抜けた超優良ブランドが誕生するのだ。

●コロコロ変わる日和見な哲学

宣言と証明を繰り返していく過程で、忘れてはならない重要なポイント。それは、「発信するメッセージは、一貫性がなければならない」ということだ。

提唱する哲学がコロコロと変わるようでは、どんなに素晴らしい宣言でも信用されない。そう、一貫性がない日和見的なブランドは、顧客をだますようなもの。

ある日突然、スターバックスがコーヒーの味やコーヒーを慈しむ雰囲気を犠牲にして、品質よりも安いコーヒーを提供することを哲学にしたら。これまでのファンは裏切られた気持ちになるだろう。

なお、これは「進化すること」を否定しているのではないことに注意してほしい。技術の進化を図り、絶えず商品やサービスの品質の向上を追求することは、ブランド価値の証明として絶対に手を抜いてはならないこと。

また、哲学や魂を新商品やサービスに注入して、ブランドの領域を拡張していくことも挑戦すべき行動だ。それは進化であって、新たなブランドの証明につながる。

しかし、哲学やイデオロギーといった、そのブランドの存在価値そのものを安易に作り変えることは、とても危険なことだ。ファンは、そのブランドが市場に打ち出す商品やサービスに、脈々と流れている哲学や魂に価値を見いだしている。

もしも今まで魅了されていたものとはまったく別の哲学や姿勢になれば、どう思うだろうか？　きっと、不快な違和感をおぼえるに違いない。裏切られたという意

哲学を変えると裏切りに…

	哲学		裏切り
ハーレー	武骨な生きざま	▶	保守的な姿勢
スターバックス	コーヒーを慈しむ雰囲気	▶	コスト面を重視
個人ブランド	絶対にあきらめない	▶	見切りの早さで勝負

ファン離れだけではなく、信用を失う！

識から、激しくそのブランドを憎悪し始めるだろう。

　ある日突然、ハーレーが超保守的なイデオロギーを掲げ、退屈なバイクを発売したとしたら……。ＢＭＷが、走りというコンセプトや他のどんな要素を犠牲にしても、燃費こそが大切だと謳いはじめたとしたら……。Ｍａｃのコンピューターが、すべての機能を犠牲にして、低価格の汎用品だけに特化すると宣言したら……。

　今まで、彼らを支えてきたファンは落胆し、反逆の暴徒と化すだろう。その結果、ブランドは没落への階段を一気に転がり落ちていくに違いない。

　地道なブランド構築には、「品質（能力）の証明」

「哲学の一貫性」の2つを忘れてはならない。

●泥臭いが、効果絶大な「根性論」

「ビジネスインパクトにこだわれ」

“あなた”ブランドの哲学がこの一言で表せて、現実的な企画力で尖っているとする。そして、そのことをあらゆる機会を通じて、このメッセージは周りに発信している。

すると周囲は、その言葉に大きな期待を抱きはじめる。その姿勢や熱い思いに、これまでにない魅力を感じて確かめたいと思うのだ。

ここであなたがやるべきことは、「愚直なまでに証明していく」こと。どんなに困難な仕事であっても、「ビジネスインパクト」が出せるまで粘り強く結果を追求し、実際に結果を出していくことに他ならない。ちゃんと形にして、期待に満ちた人々の前でやり遂げる。これは、もはや戦略ではない。

何がなんでもやり遂げる。約束したことを、きちんと守る。そういった、人とし

日々の努力が大切…

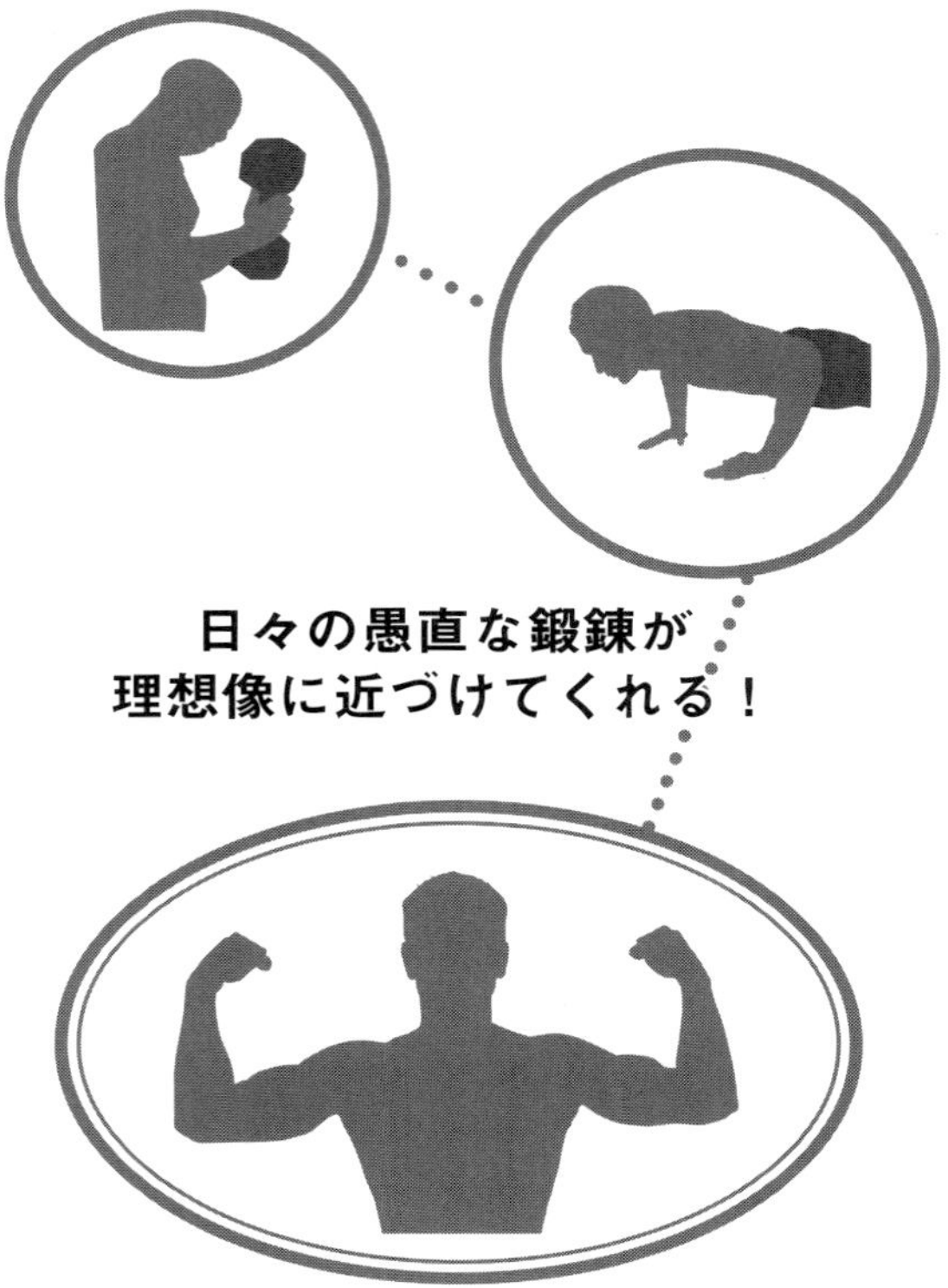
日々の愚直な鍛錬が
理想像に近づけてくれる！

尖りの芽を見つける

・地道なブランド構築スキル(尖り)の証明
・宣言哲学に一貫性を持たせる

この２つを愚直に実行していくことで、高いブランド価値を構築できる！

て当たり前のことを実践していくのだ。

――骨太の哲学を証明するために――。

気合、根性！　そんな精神論的な話にまで行き着いてしまうぐらい、ブランド構築とは泥臭いことなのだ。戦略は、なし遂げたことではじめて結果を生むのだから。しかし、あなたならできるはずだ。

最初に描いた理想像に向けて、冷静に現状を分析し、アクションを起こすという努力を、ここまで愚直に続けてきた。そしてその結果、あなたの周りには、あなたブランドに魅了されたファンが現れてきたのだから。

「ブランドを宣言する」こと、「コミットメントして証明していく」こと。実現に向けて地道な努力を続けるつらさが押し寄せる一方で、気持ちの良いプレッシャーにも包まれるだろう。

自分の宣言を自ら証明することで、また一歩ゴールに近づくことができるのだ。そのうちに体は、その努力が当たり前になってくる。ここまできたら、〝あなたブランド〟の実現スピードは加速しているに違いない。

あきらめずにゴールを目指す者の体の中には、それを維持するモチベーションが継続的に生成される。そして近い将来、素晴らしい輝きを取り戻し、多くの者たちを魅了してやまない存在になっているはずだ。

“あなた”ブランドを高める、12のステップ

》輝ける“あなた”ブランド戦略を構築する《

1.「理想の姿」を自分に問いかける

2. 現在の“あなた”ブランドを分析する

3. 自分ブランドを構成要素に分解する

》あなただけの武器を作る《

4.「強み」を「尖り」に変えて、強力な武器にする

5.「弱み」を矯正する

6. “あなた”ブランドの哲学を注入する

》宣言し証明することで、“あなた”ブランドを構築する《

7. 自分を表す「キーワード」を作る

8. “あなた”ブランドをアピールする

9. 宣言を実行していく

10. “あなた”ブランドの成長を調査する

》成長と進化を繰り返すブランドへ《

11.「限りない成長」のために「タネ」をまく

12. “あなた”ブランドを進化させる

Lesson 3-4

“あなた”ブランドの成長を調査する

監査役となる人をリストアップしよう。

対象者
チェックポイント

●詳細な調査が、成功の決め手

目指すゴールが見えた。そこに向かうための戦略や手法も分かった。実践のプロセスは、とても地道だ。

この成長過程を無駄なくするためにはどうすべきか。〝あなた〟ブランドが、意図した方向にきちんと進んでいるかを、定期的にチェックし、必要があれば軌道修正をするのだ。

消費財を扱うブランドは、顧客の意識調査を定期的に行っている。例えば、自社商品の知名度はどれくらいか、顧客の購買意識はどれくらいあるのか、競合商品と比べて、どう認識されているのか。それらの結果は、実施したブランディングやマーケティング活動を、正しく反映しているのか。絶えず詳細に渡って調査し、企業活動に反映させているのだ。

例えば、デルでは、顧客の満足度について定期的に調査を行っている。デルが尖っているのは、顧客との接点を押さえて個別ニーズに細かく応える製品を出していくこと。「顧客のために最高のサービスを提供する」という姿勢が、多くのファン

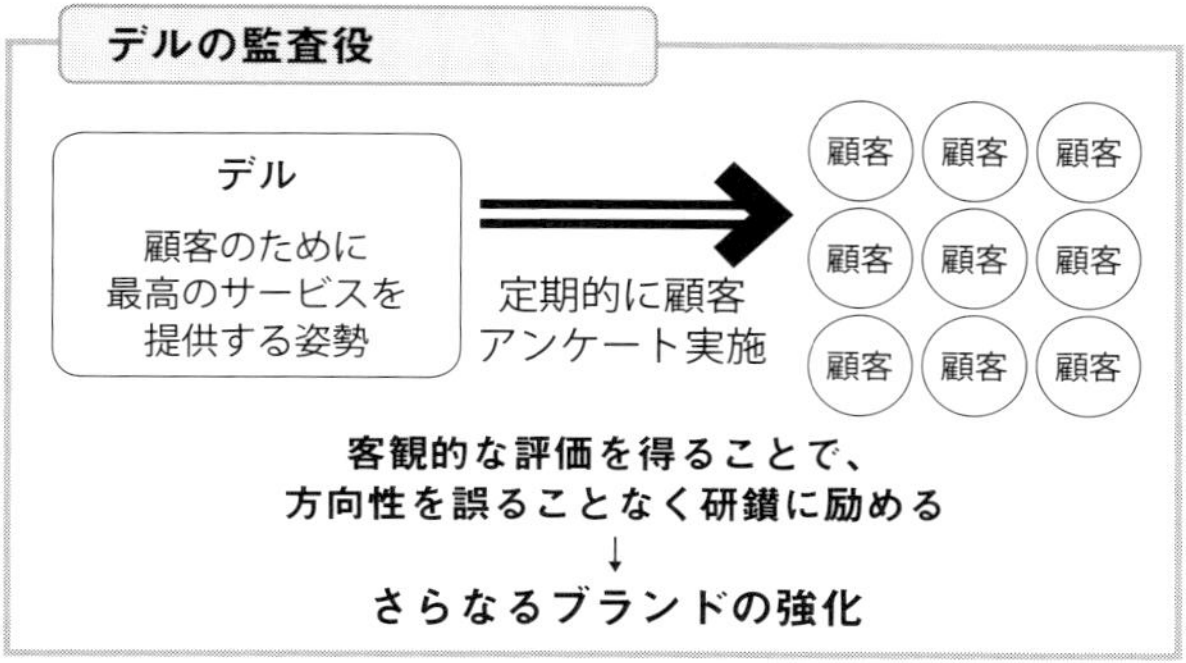

第3章 宣言し、証明することでブランドは構築される！

デルの監査役

デル
顧客のために
最高のサービスを
提供する姿勢

→ 定期的に顧客アンケート実施

顧客 顧客 顧客
顧客 顧客 顧客
顧客 顧客 顧客

客観的な評価を得ることで、
方向性を誤ることなく研鑽に励める
↓
さらなるブランドの強化

を魅了している。

その自社の尖りを確認するために、自らの宣言するブランドとしての魅力や、具体的な商品への反映などを、絶えず監査するのは不可欠なことなのだ。

●客観的に〝あなた〟ブランドを監査する方法

どんな尖りでもファンの声を無視しては意味がない。デルの例は、自社のブランド戦略が独りよがりにならないように、客観的に見つめる大切さについて、多くの示唆を与えている。

こういったブランド企業が行っている調査やブランド監査の活動は、個人レベルでも十分に見習うべき重要なポイントだ。〝あなた〟ブランドの戦略は間違っていないか、また、きちんと目指すゴールに向かって突き進んでいるか、を確認してくれる第三者が必要なのだ。

企業のように、普段あなたと接している人々にアンケートを行うといった調査はできないだろう。もしできたとしても、アンケートに答えてくれる側との力関係のバランスが取れていなければ、結局は客観的な事実にはならない。

もちろん自分を監査するために、人事評価も非常に参考になるが、これも調査資料としては十分ではない。年に一回の評価では、加速する〝あなた〟ブランドのスピードにはついていけない。

辛らつな評価であれ称賛の声であれ、日々、挑戦と研鑽を繰り返しているなかで、定期的に評価されれば、やる気にも奮起にもなりモチベーションも上がる。

●「監査役」にうってつけの人間とは？

客観的に監査してくれる人材。それは、よき理解者である上司かもしれないし、目標と定めた先輩かもしれない。または、ライバルとして、時に激しく意見が対立

客観的な監査が重要

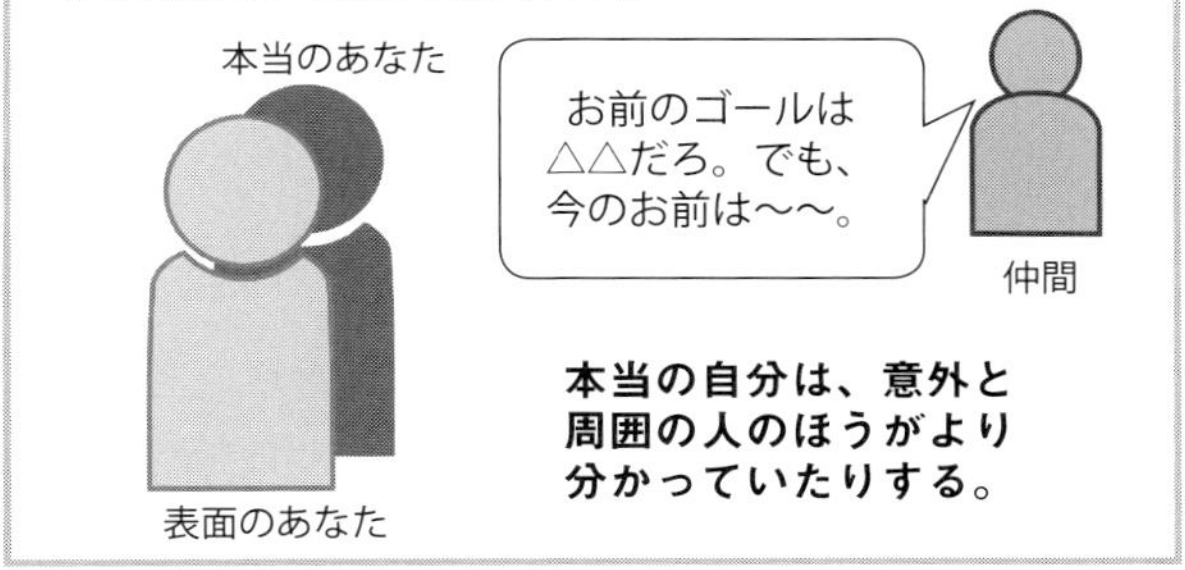
本当のあなた
お前のゴールは
△△だろ。でも、
今のお前は〜〜。
仲間
本当の自分は、意外と
周囲の人のほうがより
分かっていたりする。
表面のあなた

する同期の仲間かもしれない。監査役は誰でもよい。

肝心なのは、「その人」があなたの目指すブランドの本質をきちんと理解し、普段の業務内容や取り組む姿勢について、「客観的な視点でフィードバック」してくれるか、ということなのだ。

「自分の周りにはそんな人はいない」。そう嘆く方もいるかもしれない。しかし、本当にそうだろうか。これまで、そこまで深く相手と交わったことがなかっただけではないのか。

あなた自身がその人に対して、相手の立場に立って、ときに厳しい事実を突きつける、ということを避けていただけではないか。あなたが仲間を求めているように、あなたの周りにいる誰かも、同じようにお互い研鑽を積むために助けとなる仲間を求めているのではないか。求めるだけではなく、自らも誰かにとって厳しくも必要な存在になること。それも〝あなた〟ブランドの構築には必要なのだ。

●忌憚のない意見をぶつけてくれる存在

あなたは上司と腹を割って話ができているだろうか。自分のゴールを熱く語り、それには何が足りないのか、厳しく意見してくれる上司はいるだろうか。

もちろん世の中には、上司としての器がない人材がいるのも事実だが、後輩の活躍を我がことのように喜んでくれる人も多いのではないか。そんな良き理解者となり得る上司とめぐり合うために、普段から上司に対しては格好つけることなく、素直にぶつかっていこう。

「ちょっと肌が合わないなあ」と感じたとしても、実際に深いところを聞いてみると、全然イメージと違っていたりする。ささいなことでも話をしたり、お酒を酌み交わしたりなど、キッカケはいくらでもある。そして、ある程度信頼が置けそう

監査役になってくれる存在

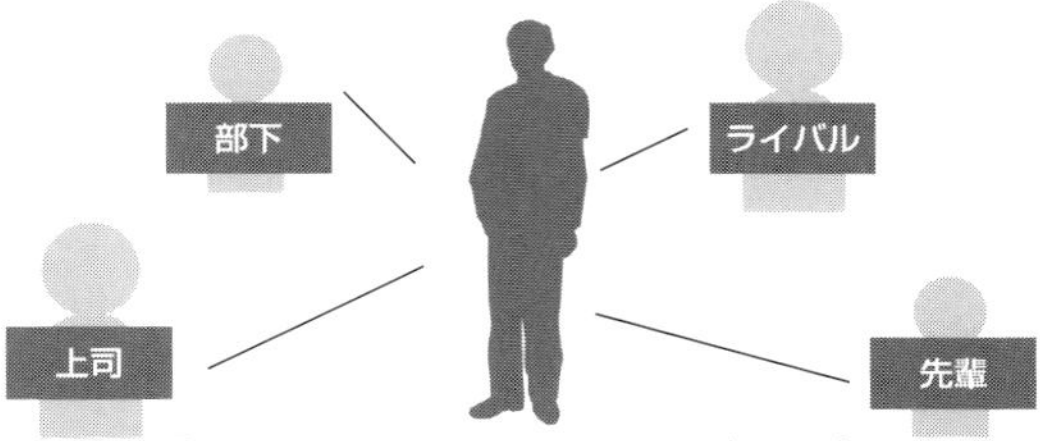

「客観的な視点でフィードバック」
してくれる存在を見つけよう！

だと思ったら、今の自分をさらけ出そう。

たとえ今のあなたが、ほんの小さな尖りの芽と欠点ばかりだとしても、その姿をさらけ出すことで現状分析はより精度を増す。そして実際に、日々の努力を重ねていくなかで、定期的にその上司から客観的なフィードバックをもらい、共に成長を確かめ合う。そんな上司を見つけよう。

もちろん、同じポジションの仲間でもよい。ライバルでもある彼らとは、お互いに意識し合っている。腹を割って話せる関係になれば、厳しい指摘をし合いながらも、きっと短期間で共に成長することができるだろう。

そして、さらに高いレベルの競争ができれば、お互いにとっても会社にとっても有益になる。ライバルだからこそ、距離を置きたいという人間の性を打破して、あなたから彼らに近づいていくのだ。

「この間の仕事、妥協したでしょ？　Aさんなら、打開策を見つけられると期待してたんだ」

「Aさんだから聞くんだけど、今の僕に何が足りないと思う？　成長のために、素直に言ってくれないか？」

こんな言葉を掛け合える、本当の意味でのライバルを見つけよう。飲んだ席でお互い羽目を外したり、愚痴を吐く情けない姿をさらしたりすることで関係が築ければ幸せだ。仲が深まればそんなささいなことは、いずれ笑い話に変わるのだから。

部下や後輩も、大切な監査役になりうる。肝心なのは、あなたの姿勢そのものなのだ。自分の殻の中にこもらず、立場や年齢に関係なく、相手からの客観的な評価を受け入れる心構えができていれば、相手はすぐに見つかるはずだ。

真のライバルになろう

研鑽をし合うことで、お互いも会社も成長する！

時間がなくて……
次回、ばん回するよ
この間の企画、
妥協しただろ？

勘違いのプライドに固執して他者の意見を受け入れなければ、せっかくの気づきのチャンスを逃してしまうことになる。多くの有名ブランドですら、顧客からの意見や厳しい指摘を、大切な声として反映させてきたように。

〝あなた〟ブランドも、あなた一人では構築できない。その尖りを評価してくれるのも、その哲学に魅了されるのも、第三者となる人々がいてこそなのだ。

自分を客観的に評価してくれる存在を大切にしよう。そして、あなた自身も、自己研鑽に励む仲間やライバルから意見を求められたら、距離をおくことなく率直な意見を返してあげよう。それすらも、あなた自身の成長の糧となるのだから。

第３章のまとめ

宣言し、証明することで
ブランドは構築される

1. 自分を表す「キーワード」を作る

・立ち位置、尖り、弱み、エモーションからアプローチ

・ブランド・ステートメントの作成

・簡潔なキーワードを作る

2. "あなた"ブランドをアピールする

・宣言した内容を証明していく

・常にコミットメントする

3. 宣言を実行していく

・ブランドコンセプトに一貫性

・根性論、精神論もひとつのファクター

4. "あなた"ブランドの成長を調査する

・「監査役」の重要性

→ブランドの本質を理解

→歯に衣着せぬフィードバック

→常に見てくれている

第４章

さらなる成長と進化を繰り返すブランドへ！

“あなた”ブランドを高める、12のステップ

》輝ける“あなた”ブランド戦略を構築する《

1. 「理想の姿」を自分に問いかける
2. 現在の“あなた”ブランドを分析する
3. 自分ブランドを構成要素に分解する

》あなただけの武器を作る《

4. 「強み」を「尖り」に変えて、強力な武器にする
5. 「弱み」を矯正する
6. “あなた”ブランドの哲学を注入する

》宣言し証明することで、“あなた”ブランドを構築する《

7. 自分を表す「キーワード」を作る
8. “あなた”ブランドをアピールする
9. 宣言を実行していく
10. “あなた”ブランドの成長を調査する

》成長と進化を繰り返すブランドへ《

11. **「限りない成長」のために「タネ」をまく**
12. “あなた”ブランドをさらに進化させる

Lesson 4-1

「限りない成長」のために「タネ」をまく

▼

目指すブランドの示唆を得た
情報と内容を思い出してみよう。

ソース	内容
	尖りについて
	弱点について
	哲学について

●時代のニーズによって、求められるブランドは変化する

時代の変遷は目まぐるしい。恐ろしいスピードで時間は流れていく。その中で輝けるブランドであり続けることを、有名企業も、我々も目指している。

一度手に入れた輝きを失うわけにはいかない。そのために何をしなければならないのか。第4章では、結びの章としてそれらについて考察していく。

ブランドの成功は、時代の求めるニーズが存在し、それにきちんと応えたということにほかならない。ならば、時代の変遷に遅れをとれば、どんなに栄華を極めたブランドでも凋落《ちょうらく》していく。

例えば、まだ商品や製品の品質が低いのが当たり前だった時代には、高品質の商品を生み出す「強み」が顧客の心をとらえた。次に、汎用的な仕様が一般化されると、価格や付加価値機能、サービス面で尖ることで、ライバルより一歩先んじることができた。そして、機能や価格で大差がなくなれば、時代のニーズは、そのブランドの持つ姿勢や哲学に移り変わっていくのだ。

家電製品、衣料品、自動車、コンピューターなど、その歴史がたどった道のり

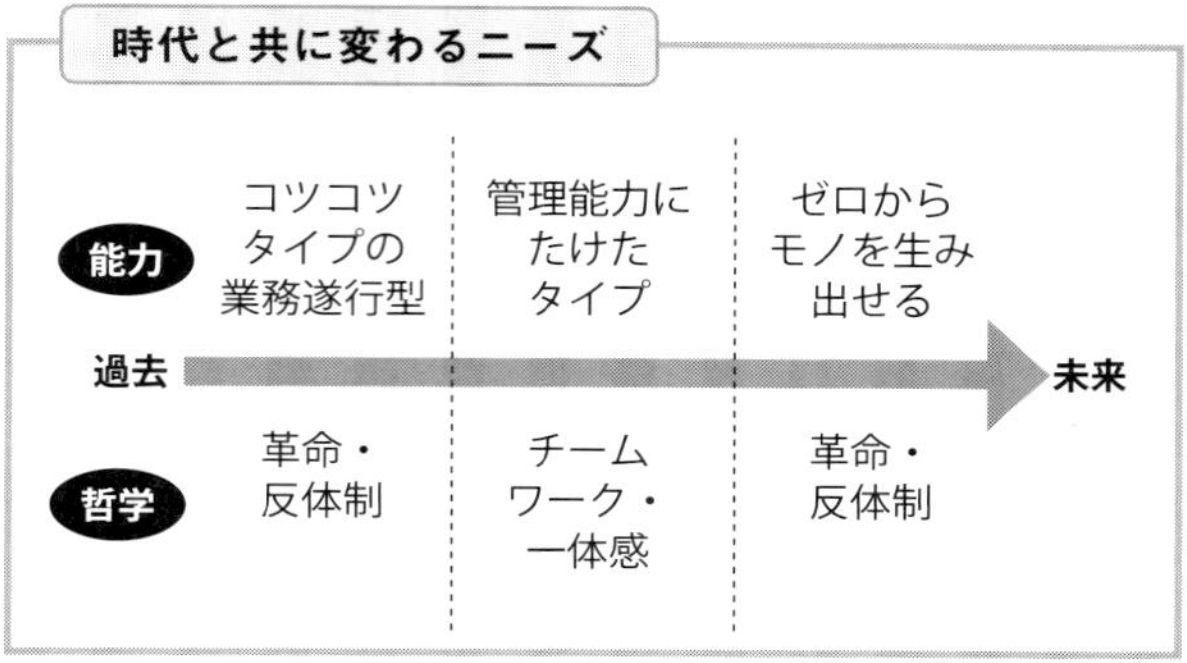

	過去 → 未来		
能力	コツコツタイプの業務遂行型	管理能力にたけたタイプ	ゼロからモノを生み出せる
哲学	革命・反体制	チームワーク・一体感	革命・反体制

を丁寧にひもといてみれば、時代のニーズの変遷や、その中でどのブランドが輝けるブランドになり得たのか多くを学ぶことができる。

●時代が求める、ビジネスマンとしての「尖り」

これはビジネスマンに求められる資質についても同じだ。

経済が右肩上がりに成長し、欧米の模倣と効率の向上をひたすら追求した時代では、与えられた仕事を確実にこなす業務遂行型が求められた。成熟期に入り、安定した利益を出すことが企業の目標となれば、管理能力にたけたビジネスマンが高いブランド価値を得ることができた。

しかし、今のように変化が早く、不確実性ばかりの時代であれば、ゼロから新しいものを生み出せる能力を持ったビジネスマンが、時代の先頭を突っ走り、ブランドとしての輝きを手にすることになるはずだ。

そう、時代が求めるビジネスマンとしてのブランドの尖りは変遷していく。考えてみれば、これはとても当たり前のことなのだ。

では、哲学や姿勢についてはどうだろうか。

これも、時代の変化によって、人々を魅了する内容は変わる。革命や反体制を高らかに謳う哲学がもてはやされた時代もあれば、チームワークや人との一体感に沸いた哲学もあった。個性に重きを置き、そこから創造性を生み出そうという哲学も、時代が渇望した哲学の移り変わりのひとつだ。

●必要なのは、「変化」ではなく「進化」だ！

さて、〝あなた〟ブランドは、今の環境下では輝けるようになった。しかし、数年後はどうか……。

今とまったく同じ仕事をしていることはあり得ないだろう。なぜなら、既に〝あ

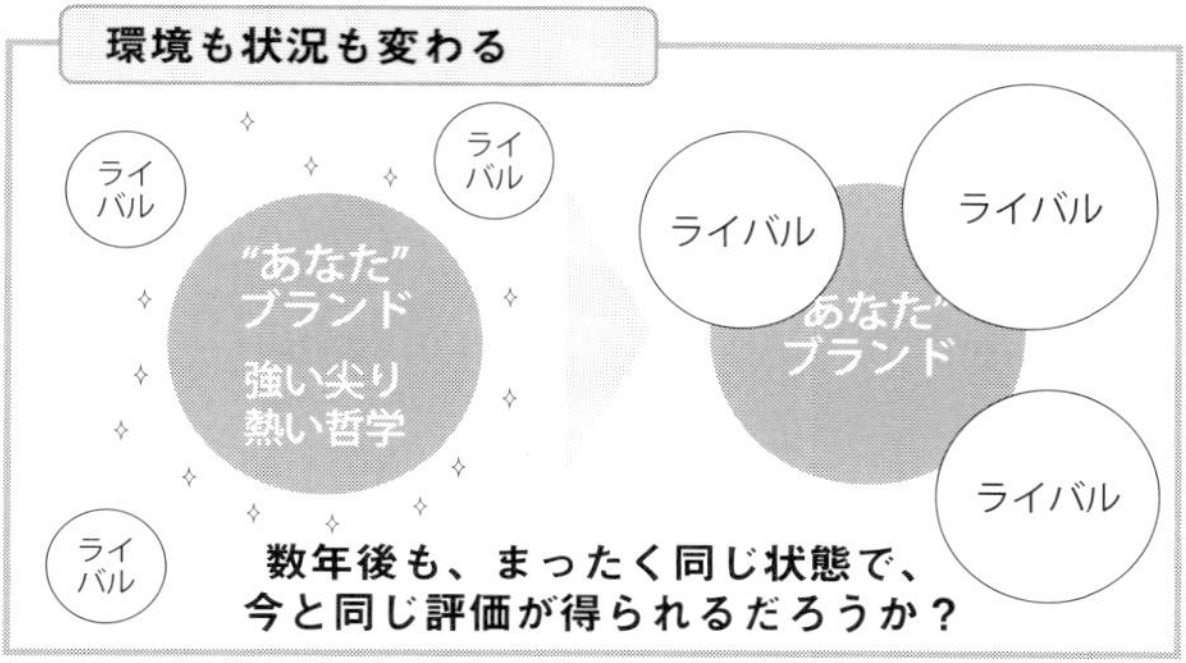

なた〟ブランドは輝きを見せて、成長を遂げているのだから。

では、あなたが挑む新たなバトル・フィールドでは、一体どんなルールがあるだろうか。そこで輝けるブランドになるために、どんな尖りや哲学が必要なのか。これらをきちんと事前に分かっておかなければ、また一から仕切り直しになる。

しかし前章で説いたように、時代が求めるブランドについて情報収集することは、ブランドをコロコロと変化させることではない。一貫性のないブランド・コンセプトは、信用を失わせこれまで築いたブランド価値を凋落させてしまうのだ。

だからといって、今の状態を固持していれば、成功できるというものでもない。

やはり「進化」することが不可欠だ。車がマイナーチェンジを繰り返しながらも、根底に流れる魂を保って、多くのファンを魅了し続けるように。〝あなた〟ブランドも、進化し続けることが大切なのだ。

肝心なのは、今の〝あなた〟ブランドが長期的に輝き続けるために、そのままのブランド戦略で行けるのか、違った尖りを身につける必要があるのか、あるいは哲学や姿勢そのものの進化が必要なのか、を判断する材料を集めることだ。

●成功者たちからは〝ここ〟を学べ！

過去に成功した人や、今輝いている著名人の手法について、その尖りや哲学・姿勢などの要素を集めてみよう。彼らの生々しい事例からは、とても多くのことを学べるはずだ。

しかし、単純に「彼らのようになりたい」と思うだけでは不十分。その成功の裏にある理由「なぜ成功したのか」「時代のどのようなニーズに合致して、輝くことができたのか」というポイントを抽出することが大切なのだ。

成功体験例

ビジネスマンの成功体験

◆生かす
- 根底に流れる「なぜ？」を分析する
- どんな時代のニーズに応え、ブランドを輝かせたのか？

◆生かせない
単にサクセスストーリーを読みふけり、「彼らのようになりたい」と思うだけ

例えば、企業の危機的状況において、先頭に立って成功に導いたビジネスマンがいたとする。その人が輝きを見せたのは、その企業を絶対に再生させるという強い意志、そして論理的な意思決定と行動力だ。不採算事業から次々と撤退し、一方で勝てる分野に経営資源を集中するという「集中と選択」を実践して、企業の復活をもたらした。

しかし、もしもその人が、成長という事業拡大面での能力が尖りだったとしたら、このケースで成功したかは分からない。また、不採算事業のテコ入れが強みであれば、結果として高いブランド価値を手にすることができたかは不明だ。

つまり、そのブランドと置かれた状況とがうまくかみ合うことで、成功はもたらされるのだ。

営業としての尖りだけで、本社経営企画室に異動しても成功できるかは疑問だし、会社の成長期と成熟期、転換期によっても、求められるビジネスマンとしての尖りは異なる。そのことを理解しておくことが、時代の変化に対応するということにつながるのである。

●「一瞬の成功」ではなく「長い成功」を生むために

では、具体的にどんなことに注意すべきか。

「常にアンテナを高く張り、幅広くいろいろな情報に身をさらし、さらにそこから学ぶこと」

社内で多くの人の話を聞き、成功して輝いているスタッフが、どんな尖りや哲学を武器に、会社の一翼を担っているかを知る。

例えば、次期社長候補と言われているほどの人がいるとしよう。彼のバックグラウンドは財務。緻密な収益管理能力で尖りを見せ、規制に守られた今の成熟段階で厚い信頼を獲得している。

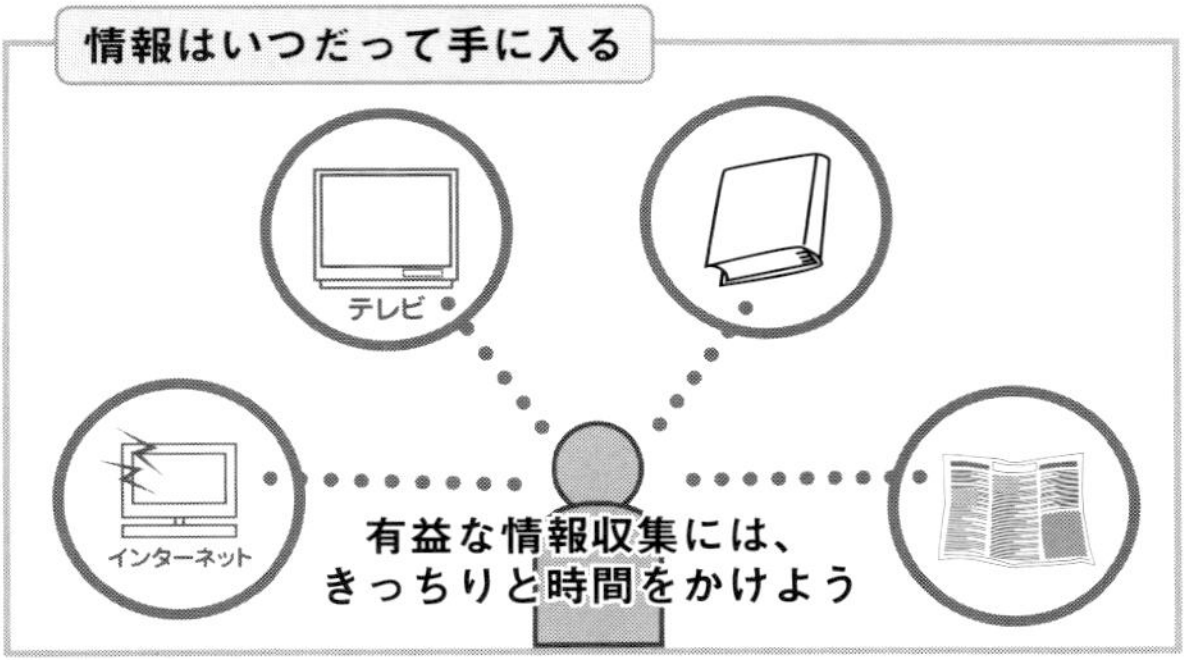
情報はいつだって手に入る
テレビ
インターネット
有益な情報収集には、
きっちりと時間をかけよう

しかし、その社長候補の尖りは、これからもずっと有効なのか。今後、規制緩和が起こり、会社を取り巻く環境が激変したときには、新たな尖りが求められるだろう。

そのときに求められる人物像は、どんな尖りが必要なのか、今の自分とはどれほどのギャップがあるのか。そういったことを考えるだけでも、これからの時間の使い方が明らかになってくる。

情報収集は社内だけにとどまらない。参考になる事例は世の中に溢れているのだ。そして、それは今の時代だけにかぎらず、過去の事例だって多くの示唆を与えてくれる。

激動の高度成長時代に求められた尖りや、その中で活躍した人物たち。彼らはどんな人材で、その尖りは今の時代でも通用するのか。過去の物語を解説したドキュメンタリー番組でも、多くの示唆を得られるだろう。学ぶための材料は、世の中に溢れているのだ。

一瞬の成功ではなく輝き続けるためには、ブランドを再度構成要素に分解して、「次の時代や環境の変化にどう対応したらよいのか」、「どんな強みを尖りに昇華させ、さらなるブランドとしての進化を達成すべきか」を考える。

もちろん、高いモチベーションを持ち続けて、愚直に努力し続ける必要性があることは言うまでもない。しかし、一度尖りを手に入れたあなたならできるはずだ。このころには、あなたはモチベーションを高く持ち、努力することが当たり前になっていることだろう。だからこそ結果を出し、新たなバトル・フィールドにたどりつけたのだから。

なお、必要な情報収集にはきっちりと時間をかけなければならない。長期間にわたって、輝き続ける〝あなた〟ブランドであり続けるためには、これは不可欠な作業なのだ。

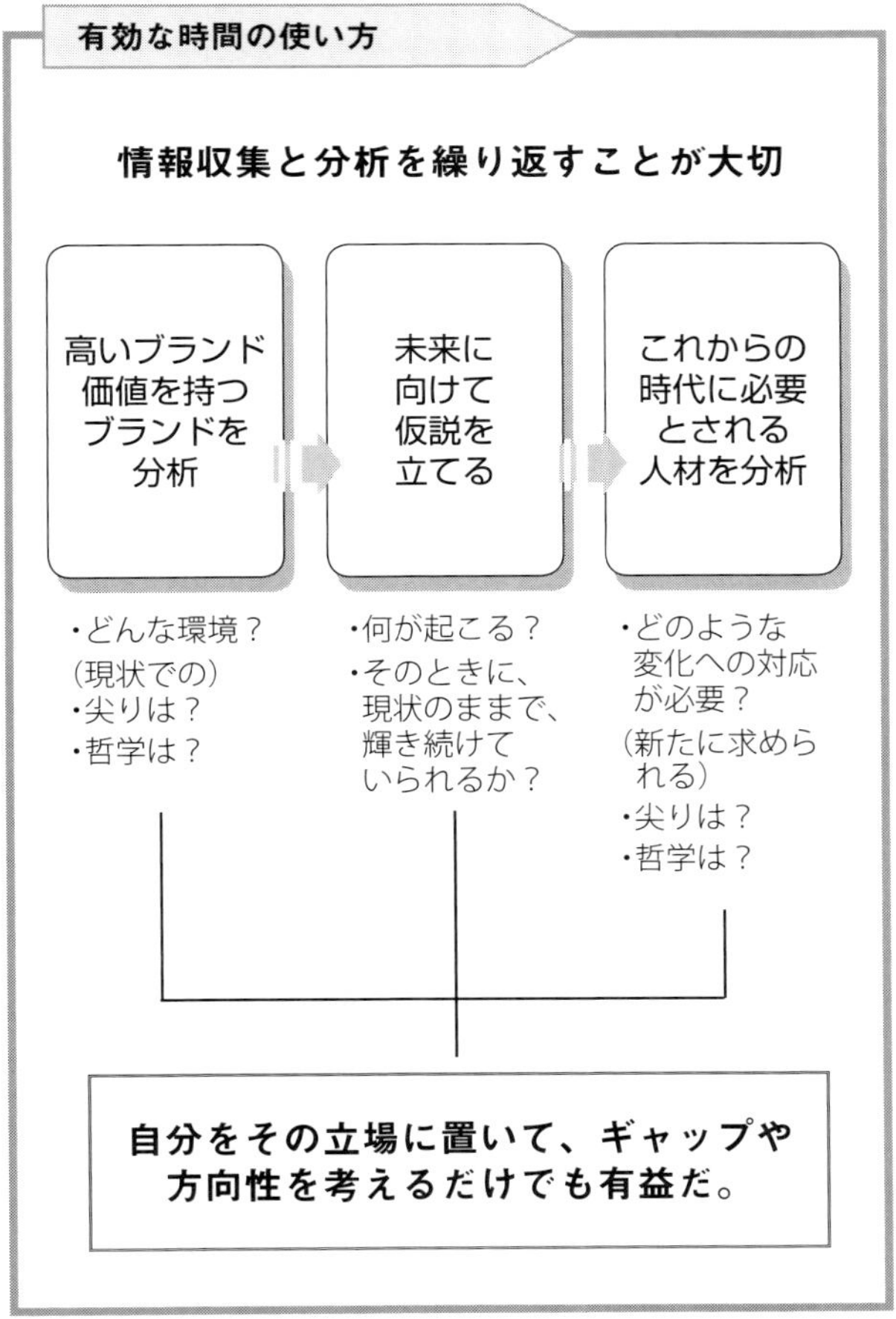

有効な時間の使い方
情報収集と分析を繰り返すことが大切
高いブランド価値を持つブランドを分析
未来に向けて仮説を立てる
これからの時代に必要とされる人材を分析
・どんな環境？
（現状での）
・尖りは？
・哲学は？
・何が起こる？
・そのときに、現状のままで、輝き続けていられるか？
・どのような変化への対応が必要？
（新たに求められる）
・尖りは？
・哲学は？
自分をその立場に置いて、ギャップや方向性を考えるだけでも有益だ。

“あなた”ブランドを高める、12のステップ

》輝ける“あなた”ブランド戦略を構築する《

1.「理想の姿」を自分に問いかける

2.現在の“あなた”ブランドを分析する

3.自分ブランドを構成要素に分解する

》あなただけの武器を作る《

4.「強み」を「尖り」に変えて、強力な武器にする

5.「弱み」を矯正する

6.“あなた”ブランドの哲学を注入する

》宣言し証明することで、“あなた”ブランドを構築する《

7.自分を表す「キーワード」を作る

8.“あなた”ブランドをアピールする

9.宣言を実行していく

10.“あなた”ブランドの成長を調査する

》成長と進化を繰り返すブランドへ《

11.「限りない成長」のために「タネ」をまく

12.“あなた”ブランドをさらに進化させる

Lesson 4-2

“あなた”ブランドをさらに進化させる

あなたブランドの進化をチェックしよう。

ファーストステージ

尖り	哲学

セカンドステージ

尖り	哲学

●「ブランドの進化」とは、どういうことか

あなたは熱い哲学のもと、自分独自の尖りを得て結果を出し、輝きだした。〝あなた〟ブランドは成功を遂げたのだ。その輝きを一瞬で終わらせるのは、もったいない。

前項で解説した「長期的な成功」のために必要なこと。「ブランドの進化」これが最後のテーマだ。

さて、結論から言ってしまおう。ブランドの進化とは、「いつまでも尖りを追求していくこと」「ブランド哲学の根底を保ちながら、ブランドの領域を広げていくこと」の2つだ。

●その「尖り」をいつまでも追求しろ！

いつまでも古き良き成功体験にしがみつくことなく、常に新しい魅力を〝あなた〟ブランドに吹き込んでいく。時代や環境の求める尖りを新たに模索していく。そしてその尖りを実際に手に入れて、進化を達成していく。

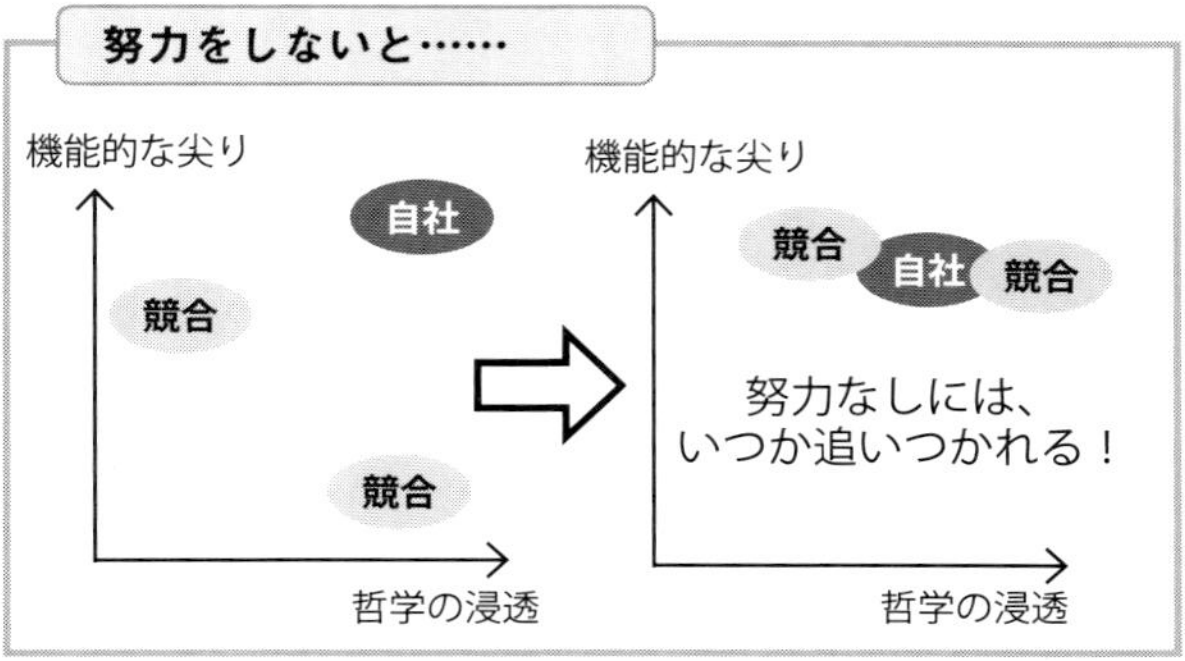

愚直なまでに実践の日々を送ることこそが、長い成功をもたらしてくれるのだ。

◇例1：自動車ブランドの場合

日常の生活に不可欠な自動車。毎日のように流れるCMでは多くの魅力あるブランドが我々を魅了する。それらは、海外ブランドから国内メーカーまで数限りない。そして、それぞれがオリジナルのコンセプトを胸に、時代を駆け抜ける。

新車や改良を踏まえても、魂であるブランド哲学はいつでも変わらない。時として、時代の求めるニーズに応えるために、ちょっとした方向転換をすることがあっても、根底に流れる価値観は決して変わらないのだ。

しかし、車を支える技術はどんどん進化を遂げている。その精神は変わらなくとも、最新技術はどん欲なまでに取り入れているのだ。車体を軽量化し、エンジンの性能を高め、操縦性にさらに磨きをかける。さらなる機能性や安全性の向上を、目指し続けている。

一度、輝ける栄華を手にしたからといって、昔のままの技術で輝き続けられる世界ではないのだ。

◇例2：コンピューターブランドの場合

コンピューターの世界も同じ。デザインや性能はどんどん進歩していく。その中で、尖り続けるためには、最新技術を次々と取り込んだり、デザイン面で冒険し続けることが不可欠だ。

瞬間の尖りで話題性を得ても、時間がたち汎用化されれば、もはや尖りとはいえない。顧客に宣言した〝デザイン面での尖り〟や〝機能面での尖り〟を証明できなければ、そのブランドは凋落の一途をたどるだろう。

メーカーの尖り方によって打つ手は少々異なるが、時代の変化や顧客ニーズを読み取り、現状に満足することなく、努力を重ねること。それがブランドを進化させるための、最初の手法である。

●ブランドの領域を広げる

一方の「ブランドの拡張」は、単に機能面での尖りの話ではない。ブランド哲学の根本的な核は保ちながら、新たな尖りを形成していく。あるいはブランド哲学の解釈を広げていくことで、ブランドの領域を広げる。これがブランドの拡張という考えが意味することだ。

ＢＭＷのエキサイティングな走りというブランド・コンセプトは、何もクーペやセダンだけのものではなく、ワゴンやＳＵＶにだって拡大できる。これまでの成功にしがみつくのではなく、時代が求める車に〝走り〟という哲学で、具体的な答えを導いていくのだ。そしてまた、この新たな領域で尖ることができれば、〝走り〟

というブランド・コンセプトは再び証明され、ブランドの領域は拡張される。

ルイ・ヴィトンが、手作りで高品質というブランドで、新たな商品ラインアップを拡張していく。デルが顧客ニーズに応えるというコンセプトのもと、法人向け商品やサーバー事業に進出していく。これらも、ブランドの進化そのものなのだ。

「進化」とは、成功したブランドを投げ打って、冒険をすることではけっしてない。それは戦略的に考え抜かれた、冷静な次の一手なのだ。

これは、個人ブランドの進化でも同じ。これまでの自分を完全に否定することではない。ゼロからやり直す時間がある人は少ないのだから。

●勝てる超優良ブランド

〝あなた〟ブランドが〝あなた〟ブランドである存在意義。そこには、単に尖りだけではなく、その根底に流れるあなたの熱い「哲学」が支えていることを忘れてはならない。

別の業務に就く、会社を変える、環境が変わる、などで新たなブランド価値を形

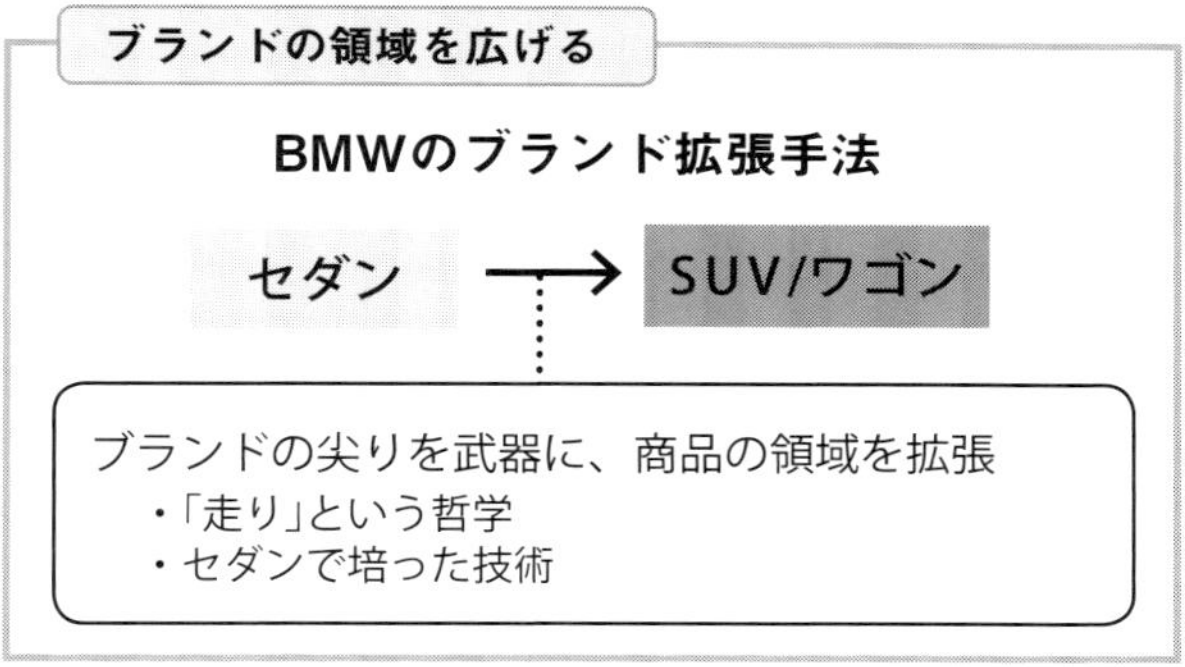
ブランドの領域を広げる
BMWのブランド拡張手法
セダン
SUV/ワゴン
ブランドの尖りを武器に、商品の領域を拡張
・「走り」という哲学
・セダンで培った技術

成するときには、新たにどんな尖りを手に入れるのかを意識する。それが、ブランドとして勝つための戦い方だ。

それまでの経験で手に入れた「新たな尖りの芽」を磨き上げて、新しい尖りにまで昇華させることが、成功へのアクションなのだ。

一方で、自分が心から信じること、確固たる信念、何としても成し遂げる決意、といったものは大幅には変わらない。最初に心に決めた〝あなた〟ブランドを支える哲学には、それほどの熱い思いが注入されているはずだ。

環境、職場、年齢が変わったとしても、人を魅了する〝あなた〟ブランドの骨太の哲学は変わらない。もしも〝あなた〟ブランドの、ブランド・

コンセプトが「**ビジネスインパクトにこだわる**」ならば、その熱い思いが急にまったく別のものに代わることはないはずだ。

しかし、バトル・フィールドが変わることで「哲学が進化する」ことはある。支店の営業担当から本社企画部へ異動になることで、「**ビジネスインパクトにこだわる企画を打ち出す**」というマイナーチェンジをするように。

これはブランド・コンセプトの再解釈、つまりはブランドの進化にほかならない。まったく別の信念に置き換わってしまったわけではない。

フィールドの変化で再解釈を繰り返していく！　ブランドの持つ哲学が進化するとは、こういうことなのだ。

なおそれは、これまでの尖りに新たな尖りを追加するという、能力面での進化が求められることは言うまでもない。

営業部から経営企画部への異動であれば、営業マンとしての尖りに、企画力という輝きが組み合わさることが、ブランドの拡張につながるのだ。過去に手に入れた、ファンを魅了してきた尖りは武器として保ちながら、新たな武器を手にしてさらな

哲学の進化

**進化とは、

「ゼロから再スタートをきる」

ことではない！**

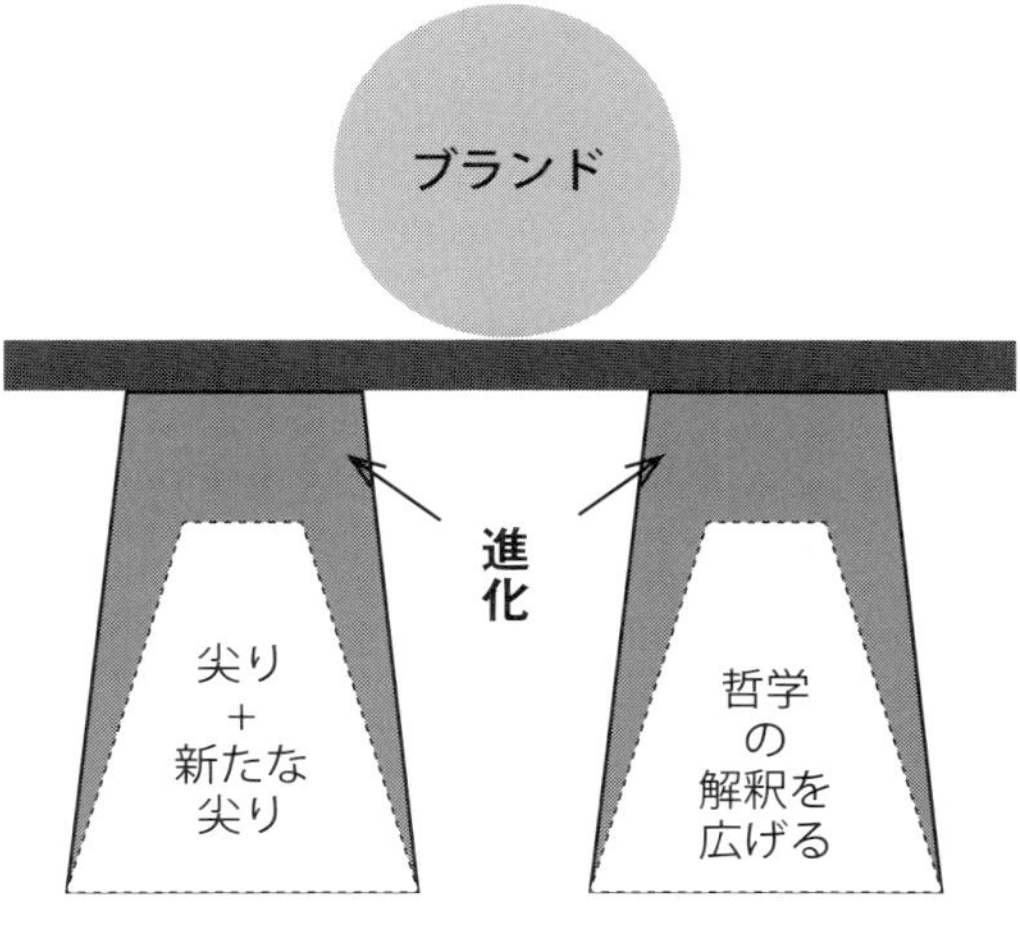

**どん欲なまでに努力や研鑽に励み
哲学の解釈を深めていく**

→ブランドの強化

るファンを獲得していこう。

●魔法の言葉「自分を信じて」

この本の最初に描いた、輝いた自分の理想像。今では、その姿に近づいていることだろう。これからは、輝き続けることを目指していくのだ。

熱い思いを胸に、自分の信じる道を突き進む。それを実現するための武器を手に入れ続ける。何がなんでも尖り続けるために、愚直なまでの努力を継続する。そして、必ず結果を出す。この努力を続ければ〝あなた〟ブランドは輝き続けることができる。

大切なのは、冷徹に戦略を考え抜く頭と、愚直なまでにそれらを実践する熱い思い。それらを持ち続ければ、〝あなた〟ブランドは鮮やかに復活し、多くの人を魅了し輝ける未来を手にすることができるに違いない。そして、そのための準備はもうできたはずだ。いよいよそのためにスタートを切るときがやってきた。

さあ、ゴールに向かって、自分を信じて走り続けよう！

あとがき——ブランドの持つ魔力

ブランドには不思議な魔力がある。

そのブランドを思うだけで胸がきゅんとなり、どうしても手に入れたいと強烈に憧れ、畏敬《いけい》の念を持たずにはいられないぐらいの凄みを感じてしまう。そんなブランドの持つ魔力を僕らだってまといたい。人を魅惑するブランドのような存在になりたい。

きっと読者のみなさんも、魅力的なブランドに対して感じるように、胸がきゅんとなるぐらいに憧れた先輩や上司が、これまでにいたのではないか。とてもじゃないがかなわないと思わされた、凄い人に会ったことがあるのではないか。そして、いつかはあんな存在になりたいと心の中で感じたはずだ。

彼らのようになるには一体どんなことをしたらよいのか。この本で解説してきたのは、そのためのブランドの手法だ。

かといって、筆者がブランド信奉者で、全身をブランド品で包み、ニヤニヤとしている輩でないことは、きっと読者のみなさんにも理解してもらえるのではないか。もちろんBMWやハーレーに憧れるし、いつかは手に入れられるようになりたいぐらいには思う。MacのPCも昔から欲しい欲しいと思いながらまだ入手していない（執筆中にウエブサイトをちょくちょく眺めてはいるけれども）。まあ、ナイキのシューズやルイ・ヴィトンの財布ぐらいは持っているし、スターバックスにはとてもお世話になっている。ユニクロブームのときに、結構なアイテムをそろえたのも事実だが……。

とはいえ、外見的にブランド品によって自分をよく見せようという薄っぺらい生き方自体には、まったく興味はないのだ。それよりも、自分自身がブランドになることで、より多くの成功を収めたい。そのための手法として、なぜ多くの人がブランド品に殺到するのか、一体何がそう感じさせるのか、そして、そのためには、ブランドとしてどんな戦略を立て、実践したら良いのかということを考えてみたい。ビジネスマンとして、物書きとしてまだまだ若輩者である僕にとって、関心はそこにある。

普段からブランド活動に従事している関係上、ブランドに関する知見はある程度持っていた。世の中のブランド本や事例については、かなり読み込んでもきた。でも、どれも分かったようで分からない。何よりも、単なる理論的な教科書では、ブランドの持つエモーショナルな魔力について、漠然としか語られていない。

しかし、世の中の事例から、その核となる考え方や手法を抽出して、個人のブランド復活に役立てることはできるはず。同世代で成長できずに悩み、腐る寸前の気持ちで毎日会社に通勤する人たちのために、そして何よりも自分のために。そしてまた、せっかくのブランド手法を、個人レベルにまで落とし込んで、一体どう自分をマネジメントしたらよいのか理解したい。それらが、この本を書こうと思った動機にほかならない。

実際に本書を読んでもうお気づきだと思うが、ブランド戦略や手法はけっして難しいものではないのだ。ちょっと頭を使えば、自分がどう輝くブランドになれるのか、戦略は簡単に見えてくる。

要はその後の実践。証明することでブランド価値は徐々に高まっていく。しかしそのためには時間がかかる。この愚直なまでの実践の期間に、いかに高いモチベーションを保ち続けられるかが鍵なのだ。そのためには、自分が〝これに賭けてみよう〟と思えるだけの熱い思いと、戦略がいる。そんなグルグルと循環するブランド構築への道を、読者の方々が歩み始めたとしたら、きっと成功を手に入れる日は近いはずだ。

実は、この本の書き方をブランド戦略の手法で解説すると、これは著者が自分の考えを披露する「プロダクトアウト」の手法と、読者のニーズに応える「マーケットイン」の手法を融合させるということだ。

著者が一方的な持論を展開するノウハウ本や実用本は世の中に溢れている。単なる読者参加型であれば、インターネットで十分だ。この2つを上手く融合させて、はじめて独自の世界を展開できる。他の本と差別化ができる。しかも、そこにはちゃんと読者の方々が存在している。

もちろん、それがどこまで尖っているのかについては、読者の方々に判断を仰ぐしかないのは事実だ。しかし、このブランド戦略の手法を使うというたくらみが、結果として読者のみなさんに少しでも付加価値を出すことができていたとしたら、著者としてはとても嬉しい。

高いブランド価値を手に入れるためには、よく考え抜かれた戦略と、愚直なまでの実践が不可欠だと、本書では繰り返し述べてきた。

それはつまり、突き詰めて考えてみると、実は気合や根性というとても時代遅れの精神論が、すべての推進力になるということなのかもしれない。考え抜くためには精神的なスタミナが必要だし、よほどの気合がないと、途中で挫折してしまう。愚直に実践するとは、歯を食いしばって頑張ることそのものだ。

ゴールが見えない道を、ただひたすら気合で走りぬけというのは、まったくもってむちゃな話だが、明確なゴールとそこに向かうための素晴らしい戦略があれば、そのための苦労は我慢できるもの。今回紹介したブランド戦略によって、読者のみなさんのゴールが明らかになり、新たに気合や根性を醸成されたとしたら、それはこの本がようやく存在価値を認められたということであり、とても嬉しいことだ。

これからも、読者のみなさんの背中を、少しでも押せる本を書き続けていきたいと思う。同世代の仲間と共に、もっともっと成長するために。そして、僕自身が今よりも、さらに大きく成長するために。

2003年11月末日

文庫化にあたって

企業事例という具体例を紹介しながら理論の説明をするというのは、ビジネス書で一般的に使われる手法なのだが、これが意外と厄介な代物。成功事例たる理由やプラクティスを言及する一方で、その企業の成功を成立させる環境や条件といった前提を省略する傾向があるからだ。数年後、その企業が凋落したときに追加の解説でもできればよいが、残っているのは書籍内での言説だけ。これがビジネス書の成功事例研究は後付けロジックと揶揄される一因にもなっている。

本著でも数多くの企業事例に触れながら、ブランド戦略について2003年当時の活動を中心に解説を行ってきた。さて、その後各企業はどうなったのか？ 彼らのブランド戦略は正しかったのか？ 少し追いかけてみたい。

アップルに関しては解説の必要がないかもしれない。iPodやiPhoneといったアップルらしい商品でヒットを生み出し、ブランド価値は高まっている。革新という哲学に支えられた企業からは、ドキドキする商品が飛び出してくるということだ。

他の米国ブランドも、各社の財務情報を見るかぎり順調に推移している。ナイキは毎年高い成長率を維持しているし、高額商品を扱うハーレーも景気後退の影響は軽微で収益率は高い。燃料費高騰で苦戦しているのではと思ったサウスウエスト航空は、対前年比で売上を大幅に伸ばし、好調を維持している。

欧州勢も順調だ。ＢＭＷは高いブランド価値を保ったまま売上拡大を続けている（今後数年は、燃料費高騰と世界的な景気後退の影響が色濃く出てくる可能性はあるが……）、ルイ・ヴィトンは言わずもがな。もはや世界文化の一部となっていると言えるかもしれない。

一方で、スターバックスは業績が低迷し、ブランドのメッキが剥がれてしまったように見える。とはいえ、尖りがなくなり地に堕ちたとまで言いきるのは危険だろう。たしかに、競合他社の追い上げによってピーク時ほど尖ってはいないかもしれないが、不振の原因を丁寧にひもといてみると、アメリカ不動産バブルに乗った出店戦略の間違いが主因になっている。大型の店舗リストラが一段落した後は、V字回復があるかもしれない。スターバックスの提唱する哲学は魅力的なだけに、急拡大によってほころびた経営を、早期に立て直してほしいものだ。

一方、日本を見てみると、ユニクロも急なブームが去って低迷した後は、業績を順調に伸ばしている。高品質のものを安く提供するという尖りを維持しながら、成長に向けたネタを仕込んでいる。高機能素材の採用や、デザイン性の高い服の打ち出しといった商品面に加え、出店戦略にも進化の跡が見られる。やはり、しっかりとした尖りが確立された企業は、いろいろな打ち手のオプションがあるものだ。

人を魅了する哲学、圧倒的な尖り、そして証明し続けること。ブランド戦略の核となる考え方は、数年で変化するものではない。今回、取り上げた企業のその後のパフォーマンスを追いかけることで、それを実感させられた。

最後に個人的な話をすることをお許しいただきたい。

これまでビジネス書を中心に著作活動を行ってきたが、2008年7月に初の小説を上梓するに至った。『コンサル日記』（飛鳥新社）というタイトルで、大手コンサルティングファームをクビになり、個人コンサルを始めた「今野悟」という主人公が悪戦苦闘する小説。5作の連作短編になっており、短編ごとに異なったクライアントから難題が出され、つまらないプライドと正義感に満ちた主人公がトラブルに巻き込まれる。と書くと小難しく聞こえるのだが、実際にはミステリータッチのエンタテインメント小説なので、楽しみながら読めるのではないかと思う。

この『コンサル日記』の中で、ブランド論に触れている章がある。第四章の「終わりのないオセロ」という短編で、アップルやルイ・ヴィトンなどに言及しながら、ピークを過ぎた玩具メーカーのブランド再生に乗り出すといったストーリーだ。玉を打つと盤の上の模様が変わるオセロをモチーフに、ブランド論を展開している。本書のテーマを小説的に味付けしているので、興味のある方は是非ともこちらもご照覧いただきたい。

近い将来、小説家としてブランドが確立できるよう、全力で疾走したいと思っている。まだまだ足を止めるわけにはいかない。

２００８年8月末日　　　　斎藤　広達

■参考文献

『Marketing Management』Philip Kotler（Prentice Hall）
『Who Says Elephants Can't Dance』Louis V. Gerstner, Jr.（Harper Collins）
『エモーショナルブランディング』マーク・ゴーベ（宣伝会議）
『ザ・ブランド』ナンシー・ケーン（翔泳社）
『ベルナール・アルノー、語る』イヴ・メサロヴィチ（日経BP社）
『あのブランドばかり、なぜ選んでしまうのか』アンドレア・ブーフフォルツ、ボルプラム・ボルデマン（東洋経済新報社）
『パワーブランドカンパニー』山田敦郎（東洋経済新報社）
『マーケティングゲーム』エリック・シュルツ（東洋経済新報社）
『エモーションマーケティング』スコット・ロビネッティ、クレア・ブランド、ヴィッキー・レンツ（日本能率協会マネジメントセンター）
『ブランド戦略シナリオ』阿久津聡、石田茂（ダイヤモンド社）
『ユニーク・ポジショニング』ジャック・トラウト、スチーブ・リブキン（ダイヤモンド社）
『大失敗！』ジャック・トラウト（ダイヤモンド社）
『ブランド！ブランド！ブランド』グリル・トラヴィス（ダイヤモンド社）
『パワー・ブランドの本質』片岡秀貴（ダイヤモンド社）
『ブランド価値共創』和田充夫（同文館出版）
『元気を与えてくれる会社』日経ビジネス編（日経BP社）
『なぜみんなスターバックスに行きたがるのか？』スコット・ベドベリ（講談社）
ハーバード・ビジネス・レビュー『マーケティング戦略の再発見』（ダイヤモンド社）
『Think！「マーケティング・センスを磨く」』（東洋経済新報社）

■著者　斎藤広達（さいとう・こうたつ）

1968年東京生まれ。慶應義塾大学を卒業後、エッソ石油(現エクソンモービルマーケティング）に入社し、主にマーケティング関連の業務に従事。シカゴ大学経営大学院修士(MBA)取得後、ボストン・コンサルティング・グループ、シティバンク、ローランド・ベルガーを経て、現在はゴマ・ホールディングス取締役社長。
著書に『図解　コンサルティング力養成講座』『MBA的発想人』『MBA的仕事人』『MBA的発想人 課長力養成講座』（パンローリング）、『コンサル日記』（飛鳥新社）、『サンクコスト時間術』（ＰＨＰ研究所）、『パクる技術』『失敗はなかったことにできる』（ゴマブックス）、などがある。

2008年10月8日 初版第１刷発行

PanRolling Library ㉕

あなたブランドを高《たか》める12のステップ

著　者　斎藤広達
発行者　後藤康徳
発行所　パンローリング株式会社
〒160-0023　東京都新宿区西新宿7-9-18-6Ｆ
TEL 03-5386-7391　FAX 03-5386-7393
http://www.panrolling.com/
E-mail　info@panrolling.com
装　丁　パンローリング装丁室
印刷・製本　株式会社シナノ

ISBN978-4-7759-3061-8

本書は、イースト・プレスより刊行された『会社の中で自分をブランド化する戦略』を、文庫収録にあたり加筆・再編集および改題したものです。